方大曾
消失与重现

一个纪录片导演的寻找旅程

冯雪松◎著

新世界出版社
NEW WORLD PRESS

图书在版编目（CIP）数据

方大曾：消失与重现/冯雪松著.——北京：新世界出版社，2017.7（2019.7重印）

ISBN 978-7-5104-6337-2

Ⅰ.①方… Ⅱ.①冯… Ⅲ.①方大曾（1912-约1937）—生平事迹 Ⅳ.①K825.42

中国版本图书馆CIP数据核字(2017)第144843号

方大曾：消失与重现

作　　者：冯雪松
责任编辑：楼淑敏
装帧设计：贺玉婷
责任印制：王宝根　苏爱玲
出版发行：新世界出版社
社　　址：北京西城区百万庄大街24号（100037）
发 行 部：(010) 6899 5968 (010) 6899 8705（传真）
总 编 室：(010) 6899 5424 (010) 6832 6679（传真）
http://www.nwp.cn
http://www.newworld-press.com
版 权 部：+8610 6899 6306
版权部电子信箱：nwpcd@sina.com
印　　刷：北京亚通印刷有限责任公司
经　　销：新华书店
开　　本：787mm×1092mm　1/16
字　　数：300千字　　印张：23.25
版　　次：2017年7月第1版　2019年7月第2次印刷
书　　号：978-7-5104-6337-2
定　　价：68.00元

版权所有，侵权必究
凡购本社图书，如有缺页、倒页、脱页等印装错误，可随时退换。
客服电话：(010)6899 8638

序言

冯雪松的这部专著《方大曾：消失与重现》，把湮没了八十多年的一位杰出的新闻工作者和摄影记者方大曾推到了历史的前台，让他的名字开始为公众所知晓，这是对中国新闻事业史人物研究和中国战地新闻摄影史研究的一大贡献。

方大曾有关卢沟桥事变和抗日军事活动的一大批新闻照片，是对伟大的全民抗战的忠实纪录。它体现了抗日军民抵御外侮敌忾同仇的民族精神，鼓舞了士气和斗志，也保存了许多拍自第一现场的珍贵画面，具有重要的历史文献价值。我们为历史上有过如此杰出的新闻摄影记者感到骄傲。他将永远活在我们的心里。

方大曾与范长江双峰并峙，二水分流，一个长于文字，一个长于摄影，是中国新闻史上的双峰，可以并存于世，并存于史，并存于书。

方汉奇
中国新闻史学会创会会长
中国人民大学荣誉一级教授

原序　他是中国的卡帕

> 如果你的照片拍摄得不够好,那是因为离得不够近。
> ——罗伯特·卡帕

提起这事很多人都会知道,1937年卢沟桥事变后,方大曾受上海《大公报》的派遣,以前线通讯记者的身份前往华北抗战前线,在两个多月的时间内,以"小方"为笔名连续发表了多篇战地报道。但不久后即在前线永久失踪,时年仅二十五岁。按照现行的说法,他是抗日战争中第一个在前线牺牲的新闻记者。这不仅仅是"想当初",明年即将是中国人民抗日战争胜利七十周年纪念,其价值的亮点还在于,方大曾留下的八百多张照相底片也已由中国国家博物馆永久典藏,成为珍贵的抗战文物。

去年来上海见到了老朋友张仲煜先生,那时他还在主持出版社工作,在闲聊中提起了关于方大曾的话题,他立刻表示要做个出版社的选题,可谓三句话不离本行。我在兴奋的同时,也为他站好最后一班岗的敬业精神所感动。一拍即合之后,我立刻想到了中央电视台的冯雪松,他是十多年前中央电视台拍摄的纪录片《寻找方大曾》的导演。他除了有文笔的优势外,还曾经对采访小方故事投入了大量的时间,付出了极大的热情,这个题目请他担当最好。

在中国20世纪战争摄影史中,有两个极其重要的人物与上海有关。一个是沙飞,他不仅是鲁迅的崇拜者,也是为鲁迅拍摄遗像的人。沙飞后来加入了八路军,成为一名战地记者和新闻出版人。再一个就是方大曾。方大曾是抗战初期活跃的战地记者，七七事变后由北京离家奔赴抗日前线，由范长江介绍作为上海《大公报》前线记者进行采访。两位摄影家同为1912年出生，作品风格样式和创作观念都可以和当时西方战地记者相提并论。但他们不同的历史价值在于：同为投身于抗战前线的热血青年，沙飞在山西参加的八路军，用照相机见证了中国人民革命战争获得胜利的始末，他留下了大量价值不容低估的有关八路军部队和解放区的叙事作品。而方大曾1937年也到了山西，随后就在他的报道《平汉铁路的变化》发表后失去消息。方大曾的摄影作品的着重点是对抗战前期正面战场作战的描述，他是中国乱世年代的极为优秀的战地新闻记者。

　　方大曾的传奇故事，曾打动过无数人。早在1980年前后我在参加《中国摄影史》的集体编写时，通过范长江那篇文章《忆小方》知道了小方的名字，还知道研究摄影史的前辈吴群先生，也是我的良师益友，曾经写过关于小方研究的文章，遗憾的是由于当时条件和机遇所限，他没能检阅小方留下的全部作品资料。

　　20世纪80年代的最后一年，一个机会使得我与方大曾结缘。1989年初冬，方家的一位朋友李惠元从上海到北京看望方澄敏。受方家之托，李惠元找到了原在上海从事革命地下工作的战友陈昌谦先生，他当时在中国摄影家协会主持工作，是我的上级领导。我与李先生只在办公室见过一面。第二天陈昌谦带我去拜访了比方大曾小三岁的胞妹方澄敏。过了没两三天，方澄敏找到了我。在我工作单位的传达室里，她拿出一个小木箱，里面装着方大曾拍照的八百多张底片，说这些底片我就给你们了，你拿去做研究。并附了个条子："今天送上方大曾底片837张。"并执意表示不需要我打收条。从这一天起这个小箱子和这些底片，我陪伴了它们大概有十余年。直到2000年后我把它们归还原主人。那天和以后，老人每次来单位的见面都是在传达室，老人总是推辞怕影响大家工作，而执意不肯到办公室一坐。

　　方大曾当年留在家中的底片，多数底片袋上有作者本人当时书写的编号。编号从个位数开始，断断续续以四位数的第1200号结束。全部洗印成样片后，发现有关抗战题材的作品最多，其中包括报道"冀东伪政府成立一周年"和"绥远抗战"两个专题，与方大曾在中外新闻社时所发表的新闻报道相吻合。我随后从中挑了二百多幅认为价值比较重大的，在同学吴鹏所主政的北京一家出版社暗房，放了两套稍大些的照片，并请吴鹏保存一套。我后来的写作和研究多数是从这里面来选择，也是逐渐被大家所认识的方大曾作品。

1993年台湾的摄影家阮义忠来北京，我让他看了全部底片印成的样片。阮义忠暗房技术非常好，他看后表示要借走一些底片，亲手放大制作成照片，因为阮义忠当时在台湾创办了《摄影家》杂志，他想为方大曾出一个专辑。这样我带他去了方大曾的妹妹家，征得方澄敏老人的同意后，他借去大约五十幅底片带回台湾放大制作。阮义忠回到台北以后不久出版了方大曾专辑，也就是《摄影家》的第十七辑。

1995年的时候，恰逢是抗日战争胜利五十周年之时，我专门跑到方澄敏家做了一次录音采访。这是方澄敏老人唯一的原声资料，因为其后的几年，她的老伴查士铭先生去世，她也因病瘫痪并且有了语言障碍。

我与冯雪松的相识，也是结缘于方大曾。雪松极有才华，曾多次获得纪录片和新闻类政府奖项，他当时是央视纪录片导演。2000年中央电视台专题部把方大曾的事迹列入选题，拍了一个纪录片叫《寻找方大曾》。雪松带领摄制组沿着方大曾走过的路，克服了很多困难，走了一圈，采访了一些人，比如说在保定、在石家庄，他这个路线完全是按照当时范长江写《忆小方》的那条路线。此后冯雪松被派往澳门常驻，担任中央电视台澳门记者站首席记者。

由于方澄敏大姐年事已高，且健康状况每况愈下，这些珍贵的底片归还方家后，即由方大曾的外甥、《四川日报》摄影记者张在璇先生保管。2002年的时候我到四川公干，找到了当时四川省摄影家协会的副主席刘光孝，由他从中牵线，足球名将马明宇先生给予了慷慨资助，当时四川报业集团也很配合，挑出了一百二十幅作品，当年7月份在成都的四川美术馆用很大一个展厅举办了一个展览，主办方为中国摄影出版社、四川省摄影家协会。至此时才觉得未辜负方大曾家人的重托，肩头和心头稍有释然之感。2006年，当小方的底片由家属捐赠中国国家博物馆时，尊敬的方澄敏大姐已经离世而去。

本书的作者冯雪松，在20世纪90年代曾以口述历史的方式创作了一部大型电视纪录片《二十世纪中国女性史》而崭露才华。从《寻找方大曾》筹划之日起，雪松就成了小方的研究者，并且投入了感情，我们也因此成为知心朋友，这也是我为《方大曾：消失与重现》写序的又一个理由。事隔二十多年后，相信此书应该是他对方大曾情感与学术研究的升华。

就在雪松新著即将搁笔的时候，我在检索北京光社资料时，在一部文献中无意间发现了小方父亲的学历记录。在台湾文海出版社印行的《京师译学馆校友录》（第）五级同学姓名录上这样记载："方祖宝、别号振东，江苏无锡、法文、外交部主事、外交部科员。"这也许是本书出版前文献的再次补充。

在这篇短文中，我之所以不厌其烦地罗列了很多与此案有关的人名和事件，目的是铭记他们对方大曾的关注和认同。也许还应该有些值得记下的名字未被提及，但我深信在《方大曾：消失与重现》一书中会有完整的表述。尽管今天互联网时代的资讯发达，但仍相信读过此书的人会受到感动。不久前，一位美国新闻媒体自述作家Harvey Dzodin来访，我给他看过方大曾的作品之后，他不假思索地说："他是中国的卡帕。"

陈　申

中国摄影出版社编审、原副社长、著名摄影史学者

2014年5月20日　北京

目录

一　　一部偶然的纪录片 / 001

二　　方大曾和时代 / 027

三　　灰房子时期的报道 / 061

四　　融入生命的黑白片 / 095

五　　一个人的绥远之行 / 119

六　　改变命运的战事 / 151

七　　纸张上的战地足迹 / 183

八　　最后的消息 / 205

九　　与青春相连的记忆 / 225

十　　寻找 以致敬的方式 / 257

十一　几乎触碰到的气息 / 277

十二　底片的命运和归宿 / 307

十三　没有完成的句号 / 331

后记　从寻找到追随 / 355

方大曾生平及研究年表 / 359

一部偶然的纪录片

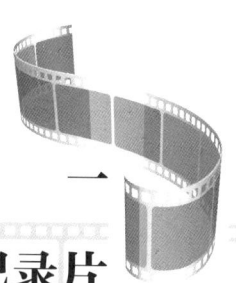

  方大曾的作品像是三十年代留下的一份遗嘱，一份留给以后所有时代的遗嘱。这些精美的画面给今天的我们带来了旧式的火车，早已消失了的码头和工厂，布满缆绳的帆船，荒凉的土地，旧时代的战场和兵器，还有旧时代的生活和风尚。然而那些在一瞬间被固定到画面中的身影、面容和眼神，却有着持之以恒的生机勃勃。

——余 华《消失的意义》

马来西亚航空 MH370 航班失联十八天后，根据英国人的探寻结论，搜索区域被定格在空旷的澳大利亚海域，不久后，马来西亚总理纳吉布宣告了有关航班终结的消息，一个突如其来的灾难，让所有的人不知所措。二百三十九个鲜活的生命瞬间消失了，一个有目的的旅行，得来的却是一个没有归程的结果，除了一声叹息，人们又能够做些什么？时至今日，已经几个月过去，寻找和猜测，困惑着整个世界，忽东又西，如此反复。究竟发生了什么？或许某天会真相大白，或许真相永无答案！

生命的无常是毫不由己的，也可以说自己的命运并不掌握在自己的手中，只不过是由你暂时保管而已，何时何地被取走并不会被事先告知，所以，一个人生命的意义并不在于有多么长，而在于在属于你掌管的时间之内干了些什么。

方大曾是一个例子，今天的人们很少知道他是谁，如果我告诉你，他是卢沟桥事变后第一个抵临前线报道的记者，他是被摄影史家称为中国的罗伯特·卡帕的人，他是让著名作家余华、著名战地记者唐师曾等人顶礼膜拜的人，你是不是会因此对他肃然起敬？方大曾与这个世界失联于 1937 年，那时候他二十五岁，身份是上海《大公报》的战地特派员，也就是说他已经失踪了八十年，如果健在，今年应该是一百零五岁。十八年前，我做过一部纪录片，名字叫《寻找方大曾》，后来很多人是通过它知道方大曾的。说到这部纪录片，现在回想起来，应该是偶然中的机缘，也可以说是命运中的一个幸运的安排。

方大曾是一个什么样的人？他如何成为第一个现场报道卢沟桥事变的战地记者？他的摄影作品为什么到今天依然受到追捧？他在事业的巅峰神秘地失踪，究竟是源于战火还是另有隐情？我们不妨从一个偶然开始，随着寻找的脚步，慢慢打开问号。

1999年初，我刚刚完成历时两年七个月的大型纪录片《二十世纪中国女性史》，卸任总编导后，由中央电视台社教中心专题部《半边天》栏目转到《美术星空》栏目。同年10月，父亲在北京解放军总医院查出了患有食道癌，病情危重。当时我还不满三十岁，面对这个突如其来的消息，加之工作中的压力和看不清晰的未来，我一下子陷入了无依无靠的茫然之中，一边在对家人隐瞒父亲病情的状况下联系医生，安排手术和后续治疗，一边又要排遣无人可以分担的困难和苦闷，那段时间简直可以用狼狈不堪或者心力交瘁来形容。

也就在这个时候，我无意之中，在办公室的报纸堆里看到了一份传真，今天这张热敏纸还在，只是经过了十几年的时光退却了颜色，字迹依稀，几乎又成了一张白纸，接近了它最初的模样。这份传真是时任中国摄影出版社副社长的陈申先生发来的，里面提到了一个陌生的名字方大曾，节录内容如下：

> 作为抗战初期活跃在国内的一位战地摄影记者，欧美许多报刊的供稿人，方大曾在民族抗战如火如荼、个人事业刚刚展开的时候神秘地失踪了。半个多世纪以来这位摄影家短暂而传奇的一生和大师水准的作品几乎已经完全沉入了历史的忘川，只有他的胞妹珍藏着哥哥留下的一千多张底片，在孤寂中默默地守候。她相信哥哥没有死，相信他总有一天会突然出现在自己面前。出版社拟将方大曾的作品及世人对他的回忆，合编成《方大曾的故事》一书，以示怀念。

传真是出版社希望合作推广该书的策划方案，其实，那页纸并不是明确传给我的，它和一堆报纸和信件混在一起，假如我迟一点儿去办公室，假如因为手头的事情耽搁，而没有翻看当天的报纸，我或许就不会知道方大曾了。

许多事情的因由都是由偶然开始的，当然我并不知道，这纸传真就是砸

旅行中的少年方大曾

中牛顿头顶的苹果，只是那些文字缀成的内容吸引着我，有莫名的亲切感，或许大多的必然就是因为某种关联而生成的吧。

我的职业经验告诉我，这是一个具有诱惑力的信息，其魅力来自于它的陌生和神秘。对于一个纪录片工作者来说，除却命题，兴趣永远是工作的第一动力，不仅记录存在，更要探寻未知。在陈申发来的这段文字中，"方大曾""神秘地失踪"和"留下的一千多张底片"，成了因为我希望去发现而产生冲动的关键词语。其实，我对于许多片子的兴趣都缘于对其中关键词的兴趣。比如："世纪女性"这个词，为了它，我和同伴们足足煎熬了两年零七个月，最终完成了这部以口述历史方式制作的、长达六百分钟的大型纪录片《二十世纪中国女性史》。拍摄期间，尽管困难重重，阻碍超出想象，在边探索边拍摄中，我也有过无奈、孤独、无助和苦闷，但还是愿意为这个词语付出代价，兴趣使然，唯有坚持，因为我始终相信不经历风雨就见不到彩虹。

生活里，令人兴奋的词语很多又很少，多到可以用它们构成一整篇文章，少的时候，可以像《老人与海》中桑地亚戈老头一样连续八十四天都打不到一条鱼。我从前的一位制片人始终要求编导用一句话说明选题，不说废话，我想我是受了他的影响，为了少挨批评而得到了寻找关键词语的训练。所以，在当时那种环境和状态下，我偶遇"方大曾"时的心情是可想而知的，应该说，之后的很长一段时间内，这个失踪时只有二十五岁的年轻人，成了我忘记痛苦、激发斗志、走向希望的力量之源。

翻看中国摄影出版社出版的《中国摄影史》（1840—1949部分），关于方大曾的描述不过只言片语，只是在相关联的事件中偶尔提到他。和留名于后世的同时代摄影师相比，他没有独立的篇章，没有连贯的履历，没有定论和结语，他只是一个被叫作"小方"的年轻人。关于他的介绍只有点，没有面，唯有将这些点联系起来，才能够大致看出他的简单轮廓。

1937年"七七"事变后出版的《美术生活》杂志第41期刊出摄影记者方大曾（署名小方）拍摄的《抗战图存》和《卫国捐躯》两组照片。前者是记者在卢沟桥拍的中国第一批战况照片共7幅，占了两版，特加英文说明。后者反映了北平各界慰问抗敌受伤将士的情况。（《中国摄影史》第一卷第294页）

1935年，吴奇寒、周勉之等人在天津成立"中外新闻学社"，通过对新闻学的研究与写作，从事抗日救亡活动。学社除组织社员撰写时评、通讯报道，向平、津、沪等地报刊投稿外，还向国内外报刊供应时事照片。担任摄影采访工作的是原天津基督教青年会职员方大曾，他工作深入，

方大曾在协和胡同 10 号的自拍照

目光敏锐、拍摄了许多重要时事照片,如绥远抗战、"一二·九"学生运动、"卢沟桥事变"等。上海《申报》、《良友画报》、《现代画报》、《中国呼声》(英文)周刊,北平《北晨画刊》以及美、英、法等国的一些刊物都常采用他的照片。在抗战前夕和抗战初期,方大曾是北方最活跃的新闻摄影记者之一。

"卢沟桥事变"后,根据周恩来的指示,以天津中外新闻学社为底子,于 1937 年 9 月在太原成立了全民通讯社。由于战况变化,这一年年底全民社迁到武汉,之后又从武汉转移到重庆和成都。全民社成立后,正在同蒲路活动的原中外新闻学社社员方大曾,担任了全民社的战地摄影记者。所以全民社在武汉时除发文字稿外,还发照片稿。不久因与方失去联系,战地摄影没有来源,这项业务就停止了。(《中国摄影史》第一卷第 336 页)

"七七"抗战的战火燃起后,平津的记者首先赶到卢沟桥采访。中

在中法大学读书期间的方大曾

外新闻社有个青年人名叫小方（原名方大曾），拍摄了《日军炮击卢沟桥》、《中日对峙中的宛平城》、《奋勇杀敌二十九军》等照片。7月29日《申报图画特刊》以《卢沟桥战事景象》为题，用中外社名义作了集中报道。（《中国摄影史》第二卷第103页）

当时在华北和西北进行摄影报道的还有小方、柏气德、李荫、师石、席与群等人，他们的作品，也都在上海画报上刊载。（《中国摄影史》第二卷第106页）

方大曾在抗战开始时曾在平津和山西一带活动，后来渺无消息，很可能在前线牺牲。（《中国摄影史》第二卷第108页）

有关方大曾，《中国摄影史》所提及的部分大致如此，这些描述给我最初的印象是，一个活跃在抗战初期的战地记者、多家刊物的供稿人，根据对其称呼"小方"来判断，直觉应该是个有朝气的年轻人。而此时，我因为拍摄大型纪录片《二十世纪中国女性史》的缘由，对于口述历史、旧时代的资料影像以及探寻鲜为人知的故事颇为着迷，方大曾再一次唤起我对于历史纪录片的拍摄冲动，兴奋点来自于想了解他所留下的近千张底片中都拍了些什么，他是怎样的一个人，失踪后有无指向性的线索，世上还有谁曾近距离地接触过他，以及是否还有后人健在。疑问是探寻秘密最好的动力，何况我所面对的又是一个具有挑战性的课题。

陈申先生是著名的摄影史家,《中国摄影史》著作者之一,见到传真后不久,我按照上面的联系方式与他通了电话。原来他对方大曾留下的底片,已经进行了分类和初步的研究。我是带着种种的好奇去和他见面的,在金鱼胡同附近,北京东单红星胡同61号,中国摄影出版社他的办公室里,寒暄后,我们在香烟缭绕中谈起了小方。也就是从那时候起,方大曾成了介绍我们相识的人,直到今天,友谊已经持续了十八年。

在与陈申的谈话中,我知道,方大曾1912年7月13日(农历五月二十九)出生在北京东城区协和胡同,生肖属鼠,星座巨蟹。他的父亲方振东毕业于京师译学馆,法文专业,在外交部工作,曾任科员、主事。方大曾中学时代开始喜欢摄影,当时的方家在京有老宅子,家底殷实,生活比较富裕,他用母亲给的七块钱买了一架相机,据说,当时一块钱就够几个人两星期的口粮。而后来成为世界摄影史上的一代宗师、年长方大曾四岁的亨利·卡迪埃·布列松,此时还没有真正开始接触相机,他确切的摄影活动始于1931年,也就是二十二岁去非洲的象牙海岸游历时,在那里买了一架相机开始练习拍摄。但一年后,当他准备回国时才发现相机的镜头已经受潮发霉,所拍的照片全部报废。

1929年,十七岁的时候,方大曾发起并组织了中国北方第一个少年摄影社团。1930年,他考入中法大学经济系,这期间,他思想活跃,热心社会进步活动,与诗人方殷共同主编了《少年先锋》杂志。1935年,中法大学毕业后,他到天津基督教青年会工作,后转任北平基督教青年会干事,发表作品时常常以方德曾或小芳署名,后改为小方,一直沿用。他时常离家外出旅行,带着折叠式的相机,走过乡村和城市,记录所见所闻。

方大曾家所在的协和胡同与红星胡同相邻，从前小方的妹妹方澄敏就居住在那儿。1993 年，六百七十平方米的院子被征用，一个四合院换得七套住房，居京百多年的一大家人，从此各奔东西，方澄敏不得不和家人搬离旧居，到四惠桥附近的一处居民楼里去了。多年来，她唯一的愿望是把小方留下的底片结集出版，以这样的方式延续哥哥的"生命"。

　　根据陈申先生的回忆，他与小方"相识"也可以说是偶然。

　　最初，我与"小方"这个名字有所接触是缘于一些老新闻工作者的回忆录和一两篇介绍他的文章。当时我只知道小方的真名叫方大曾，是抗战初期一度十分活跃的青年战地记者，照片拍得相当不错，可惜卢沟桥事变不久后就在抗日前线的采访中殉职了，更多的情况则不得而知。

　　然而，就在我对小方的印象逐渐淡化的时候，由于工作关系和一个并非偶然的机会，我认识了小方的胞妹——已年逾七旬的方澄敏女士，并有机会为这位六十多年前在抗敌前线牺牲的热血青年再做些什么。

　　大概在上个世纪80年代末、90年代初的一天，当时北京已进入了"生火取暖"的季节。有一位老先生，他本身也是上海地下党，是当时为党做工作的一位老同志，也是我工作上的一个领导，他把我带到了方大曾的家，实际上就是方大曾妹妹的家，那时候，我初次见到已经退休的方澄敏老人。那是在一所坐落在北京东城一条小胡同转弯处的院落，门牌是"协和胡同10号"。这个小院丝毫没有北京典型四合院的那种严谨讲究，但显得格外宽敞和幽静。

　　方澄敏女士比哥哥小三岁，退休前在银行系统工作，如今已儿孙满堂了。

翻建后的北京东城区协和胡同10号院（冯雪松摄）

退休后的十几年，她一直在搜集小方的资料，包括他在抗战期间发表的图片和采写的文章，并尽量和哥哥健在的朋友们保持联系。陈申从老人的话中得知，卢沟桥事变后的第三天，即1937年7月10日，小方即离家前往卢沟桥前线采访，向报刊寄出照片和通讯后直接沿平汉铁路（即京汉铁路）南下去了保定。中间曾匆匆忙忙回过一次家，取了胶卷和简单的衣物，马上又返回了前线。从此就与家中失去了联系，再往后的情况，只能从和小方一道在抗战前线的记者们的回忆文章中略知一些片段了。

时任《大公报》记者的范长江，曾与方大曾在绥远前线一同采访，这一回在卢沟桥再度会面，已经算是十分熟悉的老朋友了，他在后来的《忆小方》一文中，描写了介绍方大曾为上海《大公报》工作的经过：

平津陷落之后，我回到上海，后来接到他（指小方——笔者注）从北方来信说："我的家在北平陷落了！我还有许多摄影器材工具不能带出来，我现在成为无家可归的人了！我想找一家报馆作战地记者，请你为我代找一岗位。"那时上海《大公报》正需要人，就请他担任平汉线工作……于是就开始为上海《大公报》写通讯。

……随着平汉战局的恶化，保定失守，我们就不知道他的消息……汇款时也不知给哪儿汇去。问他的亲戚，回信说小方到保定时，正值保

小方的姐姐方淑敏(左)、
妹妹方澄敏（张在璇摄）

定失守，他被迫退到保定东南的蠡县。在蠡县曾发出一信，以后就没有下文……

多年来，方家姐妹方澄敏、方淑敏一直精心地珍藏这些黑白底片，后来，方淑敏去了南方，物品也就交由方澄敏保管了。岁月更迭，虽经历了多次历史上的动荡，几经散失和损毁，方澄敏仍固执地保存着哥哥残存的底片，即便是噩梦临头的年代，她仍然巧妙地迂回和躲避，在她的心目中，这些被哥哥赋予生命的胶片，就等同于另一个生命的存在。它们就是小方给范长江的信中所提到的没有带出北平的家的摄影材料。就这样，随着数十年时光的流转，底片在平静和动荡中沉默着，等待着有缘相识的观众和来者。

我和陈申先生曾两次拜访方澄敏女士，第一次是向她了解小方的基本情况，只是简短地见了一面，表达一下敬意。第二次，是为了拍摄，印象中，这一次她因突患中风，已经无法用言语表达。相同的是，老人两次都在不停地流泪，默默地，委屈地，让人迫不及待地想着如何能够帮上她。

在北京四惠一间普通楼房的客厅里，八十五岁的方澄敏老人坐在轮椅上，干干净净的，皮肤白皙，戴着金丝边的眼镜。当得知我是为拍摄方大曾的纪录片而来时，她显得有些激动，眼睛红润起来，含混的发音，尽管听不清楚，但依然猜得出，是因为我们的到来，那个失踪多年的亲人很可能又浮现在了她的记忆中。

幸好早在1995年3月，陈申先生对方澄敏进行过一次录音访问，弥补了她无法直接对我们讲述的遗憾，经过整理，我进一步接近了方大曾。

读小学时方大曾就开始喜爱摄影

陈：很难想象，在那样一个动荡的年代能出现你哥哥这样有才华的摄影家。你能谈谈当时的家庭背景吗？

方：我们祖籍江苏无锡，曾祖父辈进京做官。我们的祖父在老家无锡教私塾，入赘"过"氏。"过"，是皇帝赐姓，无锡那条街都姓"过"，有"堂号"，我记不清了。我父亲叫方振东，是"译学馆"毕业，之后分配到外交部工作，民国时外交部南迁，我父亲留在北京档案保管处工作。母亲是北京人，会中医，胡同里谁有个小病小灾都找她，属义务性的。她一辈子没参加过工作，但也和学洋文的父亲一样开明。

缝穷者

陈：他除了喜欢在外面拍照，还经常给朋友、家人照相吗？

方：不常照——很少照。他挺好的朋友也不求他，因为怕碰钉子。可是对于劳动人民，不相干的人，他倒去给照。您不看过一张照片——一个揣着手的老头？那是门口的车夫。我们家门口不远处是个"车口"（指人力车的集散地），洋车都停在那儿，拉这一片儿的人，但是小方从来不坐洋车，他有他的人道主义解释。他的特点是谁都喜欢他，我们家是个大家庭，没分家时，连叔辈、堂弟堂妹十几个都很喜欢他，尊敬他，他人缘特别好。

冀北的冬天

海河船夫

北京玉泉山玉峰塔

云冈佛像

塔林

潭柘寺

昭庙边上的灵塔

永恒的梵音

四子王府的婚礼
（组照之一）

四子王府的婚礼
（组照之二）

四子王府的婚礼（组照之三）

四子王府的婚礼
（组照之四）

四子王府的婚礼
（组照之五）

四子王府的婚礼（组照之六）

都市脚夫

通过当年方澄敏的口述实录,我对方大曾有了最初的感知。当年的录音环境杂乱,音效不好,背景声过大,反反复复地听,才略晓基本轮廓。在20世纪30年代的北京,有一个家境殷实的知识青年,他进步、正义、热情、有为,和同时代的大多数热血青年一样,不安于自身的小生活,更为关注民族和国家的前途命运,用超越时代的博爱思想,关照人的生存状态和社会环境的变迁,全身心地融入环境不断变革的洪流。他用相机记录时代,不是为了满足拥有这一新物件的虚荣心,不是为了满足沙龙里的显贵对于风花雪月的痴迷,他是一个冷静的观察者和记录者,也是一个以相机做武器针对社会公平正义与否的批判者,他以科学的田野调查方式去工作,不仅留下了珍贵的照片,更留下了许多与之相伴的珍贵文字。

当看到方大曾作品时(我)非常震撼,在一个盒子里大概有八百多张原版的底片,首先,这个底片本身就是一个文物,时间大约是1935年到1937年间拍摄的，从我们看整个拍摄的画面，单从形式上看，他完全是用一种很娴熟摄影的技法。再从这些底片的内容来看，（它们）反映了当时那个时代，中国正在危难中的一个时代。无论从内容、拍摄技法和这些底片的本身价值，我觉得这个事应该让大家知道，方大曾不仅是一个很出色的战地记者，他还是一个很优秀的摄影家。

和陈申先生多年前的讲述一样，当我第一次见到方大曾留下的盒子时，内心之中竟有一种朝圣的感觉，棕黑色的盒子不大，里面整整齐齐地码放着一些粉颜色的纸袋，所有纸袋上都印着德记商行的字号，这个位于王府井大街北口路西的店铺，现在已荡然无存，由地址看离小方的家很近，想必是他洗印照片经常光顾的地方。

作家余华曾在《消失的意义》一文中感慨："方大曾的作品像是三十年代留下的一份遗嘱，一份留给以后所有时代的遗嘱。那些在一瞬间被固定到画面中的身影、面容和眼神，却有着持之以恒的生机勃勃。他们神色中的欢乐、麻木、安详和激动；他们身影中的艰辛、疲惫、匆忙和悠然自得，都像他们的面容一样为我们所熟悉，都像今天人们的神色和身影。这些在三十年代的形象和今天的形象有着奇妙的一致，仿佛他们已经从半个多世纪前的120底片里脱颖而出，从他们陈旧的服装和陈旧的城市里脱颖而出，成为了今天的人们。"

轻轻地从纸袋中取出黑白底片，仿佛怕惊动一个沉睡中的人，在阳光下，黑白两色通透分明，影像瞬间呈现眼前，隔世的人物、消失的景象、尘封的事件，我仿佛一瞬间与方大曾有了隐约的沟通，他曾用目光抚摸过的社会和用指尖触碰过时代，刹那间有了勃勃生机和无法拒绝的诱惑，也就在那一时刻起，

小方作品的冲扩样片（阮义忠摄）

劳工背影，他在想什么

我决定用纪录片的方式寻找方大曾，尽管我知道影像表达不同于纸上描摹，需要一个一个坚实的画面去支撑，而除了几张个人照片外，小方没有留下一个活动影像，呈现的难度可以想见。但是我知道，从偶然接到那份传真开始，我就已经进入了一种新的工作状态，既惶恐又兴奋，那种感觉前所未有。

我曾在纪录片拍摄时的工作笔记里写道："我们拍摄此片的目的不仅仅是去寻找一个人，是通过'寻找'去还原一个真实的热爱和平与自由的生命。他通过自己的目光，抚摸着六十多年前国难当头的中国大地，他镜头下描述的影像，是我们了解当时中国社会的生动图本。他以个体的高贵品质，为我们确立了一个物质之外的精神境界。摄制中，我们试图依照他的最后旅程解读抗战初期一个人的命运和一个国家的遭遇。"

纪录片《寻找方大曾》拍摄现场，左为冯雪松，右为方澄敏（陈申摄）

我们的寻找从是寂静中开始的，时光倒流七十年，照片中的影像流动，人们看到了已经消失了的码头和工厂，看到了生活在今天的老人们的青春时光，看到了20世纪30年代国际国内的社会风貌和生活景象，看到了一个叫方大曾的年轻人背着相机走过一个又一个历史的瞬间。

纪录片《寻找方大曾》选题的最初立项是栏目内运作，由于经费有限，曾经设想的追寻小方最后的足迹，从河北到山西等地的计划遭到搁浅，所以2000年7月9日第一版播出时，内容所涉及的地点基本是以北京为主。该片播出几天后，我在中央电视台IBC吃早饭时，碰到了时任社教中心主任的高峰先生，恰巧他也看到了这个纪录片，话题自然就围绕着方大曾展开。当我为未能成行的外拍工作遗憾时，曾是资深的纪录片导演的高峰主任深知这一选题的价值，几乎未加思索，表示该片可以作为社教中心的特别节目继续拍摄。说实话，这也是一个偶然，在我的工作经历中，一部片子播出后再度拍摄是前所未有的。因为这次巧遇，于是同年11月又播出了第二版由高峰先生亲自

在纪录片《寻找方大曾》拍摄十多年后，再次走进方大曾故居协和胡同 10 号（冯雪松摄）

配音的《寻找方大曾》，一年后，该片入选并荣获了第十五届全国电视文艺星光奖。

  2013 年 8 月间，就在我接到出版社邀请写作这本书的时候，我的儿子瑞濠已到北京东城区的一所小学就读。巧的是，这所学校与当年方大曾的家只隔着一条马路，地理位置如此接近，拍摄《寻找方大曾》时的情景立刻浮现，让我颇为吃惊，难道这又是一次偶然？

  事隔十几年，我再次走进了这条熟悉的胡同，虽处在闹市一隅，南北走向的协和胡同却几乎没有太大变化，如同我们当年拍摄完成离开时一样。当我又一次用相机拍照时，10 号院已经更换了主人，他隐约从电视中看过，说什么人曾住过这里，年头久了，印象不深了。房屋已经翻盖，唯有小方家院子里的大槐树还在，摇摇曳曳了几十年，也不知道它都看见过什么、听见过什么。在它某一圈的年轮里，会不会还记载着小方的欢乐和气息？

二 方大曾和时代

作为一个摄影爱好者,方大曾所处的环境并不好。许多年前,中国的"摄影家"们还热衷于麇集在像上海、北平这样的都市里展示他们改良过的类似国画或时装照的摄影术,而出生于官宦之家的方大曾身上具有的朴素的民本思想却使他与这种沙龙气氛格格不入。他年轻的脸庞儿径直贴近冰冷的生活,缝穷者、人力车夫、纤夫、矿工等底层劳力者频繁进入取景框,逐步显示他作为一个卓越的纪实摄影家的可贵品质。

——午 马《一九三七年的消失》

我的哥哥小方，姓方，名德曾，亦名大曾。小方是个英俊的青年，他身材高大，脸色红润，一双明亮的大眼睛透露出纯正无邪的光芒。他好像天天都是乐呵呵的。又好像从不知疲倦似的。他之所以称为"小方"，那是因为他童心未失，禀性活泼，喜欢同孩子们在一起的缘故。当朋辈们看到他这个大个子出现在欢蹦乱跳的小人群中时，就情不自禁地，亲昵地呼他为"小方"；他自己呢，也认为这个称呼并不坏。他说："方者：刚正不阿也，小则含有谦逊之意，正是为人处世之道，我就是要做一个正直的、于国于民有用的人。"因此他发表作品的时候，原用"小芳"后便改用"小方"为笔名了。

我曾在方澄敏的一篇回忆文章中读到过她对哥哥样貌和性格的如上描述，文字中一个年轻、阳光且具有活力的生命脱颖而出，用当下的话讲是充满了正能量。小方本人留下来的照片不多，经过多方寻找不过十余张，对于一个酷爱摄影，家境不俗，并且时尚的年轻人来说不能算多。无论休闲时还是外出采访途中，从照片上看，方大曾目光坚定，表情从容，沉稳的状态超越了他实际的年龄。在那个时代，他的穿着打扮是时髦的，即便是在今天也不算落伍。给我最初的感觉，他的目光是敏锐的，心灵是开放的，思想是自由的，对于新事物、新观念抱着极大的兴趣，但绝对是有自己的判断，而不是轻易地盲从和追随。

方大曾的成长过程和所处的时代，正是中国和世界颇为动荡的时期，工业化进程的迅猛发展，对原有的农业文明秩序冲击最大，加之战火不断，催促着人类价值观的裂变，从简单到多元，世界的格局悄然发生了变迁，现代化的力度和速度前所未有。在大起大落中，卑鄙和高尚，富有和贫穷，高贵

旅途中的少年小方

与卑微,仿佛一夜之间就可以颠倒,毫无征兆的变数无时不在,人们生活在欣喜中,也生活在恐惧中。好在方大曾家境不错,他喜欢摄影的"奢侈"爱好,不仅没有遭到家人的反对,而且还得到了父亲的默许和开明母亲的支持。用七块钱买来的相机,成了他深入社会,打开生活之门的钥匙,透过镜头看世界,百种人生尽眼底,从此开始,方大曾的人生似乎就和某种使命感关联在了一起。

1929年,方大曾十七岁,他在北平的《世界画报》上发表《爱好摄影的小朋友们注意——少年影社征求社员宣言》,宣称"现在摄影艺术一天天的发达、进步,摄影人才也能在艺术上占了重要地位……所以我们有组织少年

小方模仿人猿泰山的自拍像

摄影团体的必要。做少年摄影界的先进队何等伟大！何等的有趣呀！少年们，小朋友们，快来报名！踊跃！努力！少年影社以研究摄影艺术为宗旨，凡有摄影器对于摄影发生兴趣者，不论有无经验，年在十六岁以内者，均可自由加入本社为社员。少年影社通讯处：北平外交部街协和胡同7号（注：后改为10号）方德曾"。据史料记载，这是中国北方第一个少年摄影社团。

当年9月，北平第一次公开摄影展览会在中山公园和青年会相继展出时，方大曾作为青年代表，也选了多幅作品参展，受到了社会的广泛好评。荫昌之子、摄影家荫铁阁曾撰文评介说："方德曾之《寒夜》亦具西风，所取色调，

组织少年影社时期的方大曾

尤能增其冷静。"(北平《世界画报》205 期 1929 年 9 月 29 日出版)接着,他拍摄的《寒夜》《青年会童子军团野外庆祝会》《北郊之大钟寺》等作品,在《世界画报》陆续发表,此时的方大曾,已经在中国北方的摄影圈中崭露头角。

本世纪三十年代,形成了中国摄影艺坛上一个相当活跃的时期,涌现出一大批出色的摄影艺术家。然而,由于当时的局限,多数摄影家和他们的作品都更多地罩上了唯美主义色彩,如何反映现实生活、摄影家的社会责任和对摄影艺术表现的真正理解则决定了他们作品的生命力。小方的摄影作品,恰恰体现了这一点,至今仍牵动着每一个观众和读者;而他本人若还在世的话,算来也该是 100 岁的老人了。然而给我的印象却和他的作品一样,时空都在瞬间凝固,他还是那样年轻、魁梧、英俊,充满了一腔热血。

陈申先生在一篇文章中对于方大曾和时代有过如上描述。作为一个摄影爱好者,方大曾所处的社会环境并不好。"许多年前,中国的'摄影家'们还热衷于麋集在像上海、北平这样的都市里展示他们改良过的类似国画或时装照的摄影术,而出生于官宦之家的方大曾身上具有的朴素的民本思想却使他与这种沙龙气氛格格不入。他年轻的脸庞儿径直贴近冰冷的现实生活,缝穷者、人力车夫、纤夫、矿工等底层劳力者频繁进入取景框,逐步显示他作为一个卓越的纪实摄影家的可贵品质。方大曾以一种平视的角度看待劳动者及身边的一切,《黄河上的船夫》、《缝穷者》等作品无不闪现着人性的光辉。"

小方不拍美人照,他与劳苦大众结下了不解之缘,他到黄河岸边,煤矿的井下,经过实地调查,以第一手材料介绍给社会。研究中国摄影史权威人士吴群说:"他把镜头对准中国的劳苦大众,位于激流中和地底下的船工矿工,对他们的实际生活境况,表示极大的关怀与同情。"(《山西摄影》1986年第2期第3页)他到冀东去了一趟,他所写《冀东一瞥》揭露了冀东伪组织的可耻面目,娼、赌、烟、毒、走私无不摄入他的镜头。(方澄敏回忆文章,原载于《摄影文史》1987年11月)

在小方的影像里找不到一点儿虚浮的痕迹,他的作品几乎都是以纪实的方式完成的,可是来自镜框的感觉又使人觉得这些作品的构图是精心设计的,将快门按下时的瞬间感觉与构图时的胸有成竹合二为一,成熟的画面源自沉稳的内心。

运煤工

铁匠作坊

平绥路上

黄河船夫

小方剪裁后的船工照片

乡村旅社

长城脚下的小贩

方大曾大学毕业照

　　1930 年，方大曾考入中法大学经济系，这期间，他与诗人方殷一起编辑了《少年先锋》杂志，从写稿、印刷到分发，几乎都是他们两个人完成的。1935 年，中法大学毕业后，他到天津基督教青年会工作，发表作品时常常以方德曾或小方署名，这时拍照的主要内容是风光、人物和学生运动。

　　方大曾时常离家外出旅行，北京的周边、河北、山西和察绥一带，是他的主要拍摄地。他带着折叠式的相机，记录走过的乡村和城市。他留下的许多底片上，今天仍清晰地保存着为冲洗和放大画上去的剪裁线，这些画面给我们带来了早已消失了的码头和工厂，布满缆绳的船帆，荒凉的土地，还有旧时代的生活和风尚，从他拍摄的下层民众脸上的表情来看，他们之间有着足够的信任和平等。

　　作家余华在一篇纪念文章里写到，这些留下自己瞬间形象的人，可能大多已辞世而去，就像那些已经消失了的街道和房屋，当一切消失之后，方大曾的作品告诉我们，有一点始终不会消失，这就是人的神色和身影，它们正在世代相传。

　　存在过和存在着是我们寻找过程中的关键词语，无论是方大曾的照片和文字，还是他走过的集镇和城市，凭借影像我们会看到存在过的过去和存在着的今天，泛黄的照片和崭新的城市让我们发现了事物之间有着惊人的暗合与延续的永恒，生生不息。

1931年九一八事变后，华北之大，已容不下一张书桌，方大曾像所有的热血青年一样，义无反顾地汇入了变化的时代洪流，他参加了"反帝大同盟"的机关报《反帝新闻》的编辑工作。在同事方殷眼里，他是一个"英俊青年"，"人品纯正，热情。精力充沛。……好像总是在走路，奔忙，不知疲倦"。相机无疑是他最便捷的武器。20世纪30年代的进步青年都有着或多或少的左翼倾向，方大曾也同样如此，他的革命道路"从不满现实，阅读进步书刊到参加党的外围组织的一些秘密活动"。

他第一次以照相机为武器进行战斗，是在他读中学的时候。他倡议组织少年摄影社"少年影社"，并举行过公开展览会。当时，他的一位同学李续刚（李对小方的影响很大，是小方的引路人，经常给他讲一些革命的道理。建国后李曾任北京市人民政府副秘书长，"文革"中受到四人帮的迫害，1969年含恨而逝。）因进行革命活动而被反动学校当局挂牌开除，小方为了抗议，为了留下历史见证，把那张布告拍下了。从那以后，小方逐渐懂事起来。"九·一八"时他正在中法大学读书，加入了"反帝大同盟"（简称"反帝"），也把我介绍了进去，并帮助我在我就读的北平市立女一中建立了支部。他编写过"反帝"的机关报《反帝新闻》。

1932年从天津南开中学来了另一名"反帝"的成员，名叫常钟元（笔

小方身上有着与生俱来的正义感

名方殷,著名诗人,现已病故),他和小方共同主编了《少年先锋》。实际上,这个小小的周刊从写稿、编排到印刷、发行,都是这两个姓方的干的,有时候我也搞搞校对。

"九·一八"以后,小方真是席不暇暖,同时,我们家的"客人"也多了起来。大概由于我们有一位好母亲的缘故,小方的战友都喜欢把我们家作为接头晤面、讨论工作,或者赶写文章的地点,有时为了甩脱警特的盯梢,甚至也在我们家避住一两天。常来我们家的"客人",除了李续刚和方殷以外,我现在能够记得的还有:李声簧(已故,生前为中国科学院科学出版社副主编)、夏尚志(曾在东北任厅长)、王兴让(原用名王佐,曾任商业部副部长)、王经方(北平解放后曾在公安局工作)、高尚仁(北京市第6届政协特邀代表)、汪鸿鼎(上海财经大学教授)、魏兆丰(上海戏剧学院)、吴颂平等等,还有一位摄影爱好者许智方,直到现在我有时还仿佛能够想起这些人当时的音容笑貌,我仍然住在原来的地方,还梦想着有一天这些人再到我们的家聚一聚,但是,时过境迁,死的死了,活着的也各自天南海北,何况小方又早已不知去向了。

现在知道,当年的这些来客,大多数是共产党员,但在当时,在那风雨如磐的黑暗年代,他们之间并不一定全都知道谁是党员,谁是团员,就连小方,从各种迹象加以判断,他应该是有组织关系的,但不仅我不敢肯定,其他同志也难以予以证实。(方澄敏的回忆文章,原载于《摄影文史》1987年11月)

在纪录片制作初期,为了更好地了解方大曾生存的时代背景,我仔细梳理过那一阶段的种种大事,希望从中找到某种影子或关联,力图通过事件去还原当时,找到可供拍摄的形象和依据。当年我做的《导演阐述》中,背景部分摘录如下:

1935年尚在狱中的田汉为电影《风云儿女》主题歌《义勇军进行曲》创作歌词。

1935年12月9日,1000多名北平学生举行大规模请愿活动,抗议日军侵华。(小方前往拍摄照片。)

1936年5月21日,上海文坛发起《中国一日》征文,为那个年代的中国留下了最原始的资料,在人们的心目中,日本的侵华威胁是当时最大的忧虑。

1936年,罗伯特·卡帕采访西班牙内战,拍摄了成名作《共和国卫士之死》。(夏天,小方赴河北、山西、绥远旅行采访,受邀为《生活星期刊》等杂志供稿。)

1936年12月12日,西安事变。(小方到绥远前线采访,见到范长江。)

1937年7月7日,卢沟桥事变爆发,国共两党自1924年以来第二次缔结统一战线。(小方成为"事变"现场报道第一人,拍摄大量经典照片。)

1937年7月,巴勃罗·毕加索在"巴黎万国博览会"的西班牙馆,展出反对战争与暴行的作品《格尔尼卡》。

1937年7月28日,日军向29军发起总攻。北平、天津相继失陷。

1937年8月8日,日军在北平举行大规模的"入城式",5000余名侵略者从永定门开进城区。(小方写《前线忆北平》。)

1937年8月13日,上海"淞沪会战"。

1937年8月25日,中共中央军委发布命令:红军主力部队改编为国民革命军第八路军,开赴抗日前线。

1937年9月5日,以天津中外新闻学社为基础,在太原成立了全民通讯社,李公朴任社长。

1937年9月25日,八路军115师在平型关伏击日军,歼日军第5师第21旅团1000余人。

1937年11月20日，国民政府迁都重庆。

1937年12月13日，日军攻陷南京。

1937年，爱因斯坦著文《道德的衰败》，痛斥战争和堕落。

1938年，著名战地记者罗伯特·卡帕到中国采访。

以上罗列的内容是1935年到1938年有关国内和国际的大致轮廓，也是方大曾已知的生命当中最为活跃的时期。中法大学的几年专业学习，"民生、自由、平等、博爱"的治学精神的启迪，对于小方的能力的增长和眼界的开阔无疑具有积极的意义。我们在他的照片和文字报道中，几乎看不到他有关自身的描写和对个人境遇的忧虑，可以说他完全没有私我的概念，他的视野中更为关注民众际遇和家国命运。

陈：范长江写的《忆小方》那篇文章中，提到小方有女朋友，您知道吗？

方：那篇文章是在重庆写的，文章中所说的女朋友大概就是指我的一个同学。我们都是一个"反帝大同盟"支部的，她常上我家来，没有过深的关系。小方的好多女同学都很喜欢他，可能是由于他是"穷学生"的关系，没有谁跟他进一步来往。但是，像当时清华大学某教授的姨妹，戏剧家的齐如山侄女等等都挺接近他。但他并没有心思去追求哪个，解放以后还有好多人到家里来打听小方回来没有。（陈申访问方澄敏《半个世纪的搜索》）

处于当时大的社会环境下，无疑方大曾的思想是具有国际主义精神的，知识丰富、忧国忧民、视野开阔、见解独到、目光具有穿透力，集中体现在青年小方的身上。他的通讯报道《从集宁到陶林》里，在目睹了令人震惊的原始劳动条件后，他的照片对挖煤的农民寄予了无限的同情，"我想，他们总会得到解放的吧……我确信这不是幻想：因为有千百万的人，正为着人类的光明在工作，在努力，在斗争"。

在拂去了世俗的浮尘后，方大曾的价值业已超越了作为一个单纯记录者的范畴。今天我们所能看到的照片，拍摄时间大致就在两三年之内，内容的丰富，充分显示了他极广的兴趣空间。如果不是国难当头，我们很难设想他未来的摄影方向和职业路径。即便是在动荡的岁月，这个俊朗的北方青年，学经济的大学生，依然会在落日余晖里迷恋诗意的片刻。他拍健美的人体，拍农家孩子灿烂的笑脸，拍北平中央公园里的日本妓女，拍北方旷野里独立朔风的哨兵；他的相机仿佛饥渴的眼睛，触目之处，尽是能燃起创作激情的人事与风景。令人惊奇的是，在当时封闭的中国，以他一个不具备多少摄影见识的爱好者，竟然在照片中灌注如此丰富的情趣和具有社会、历史研究意义的内容。在他之前以及失踪之后的半个世纪里，中国一直没有过自由摄影师，而方大曾的行为方式却近乎无师自通地具有这种职业的影子。在一个缺乏考察民生、直面社会现实的文化传统的国度里，他几乎是凭着直觉感受并运用了摄影纪录的力量。"他流星般的闪现是一个令人欣慰而又惋惜的反衬：中国摄影的幼稚不在于接触摄影术晚了几年，而是仅仅停留在把相机当作可以观赏镜花水月的金属画框，或者过于直接的宣传工具，并不真正懂得摄影本身更广大的应用领域，从而让逝去的时代错失了留存为影像的机会。"（午马《一九三七年的消失》）

1935年，方大曾大学毕业后到天津，在基督教会有一段短时期的工作。不久，他与在银行里谋事的吴寄寒、周勉之等人一起组建中外新闻学社，担

方大曾（左一）和中外新闻学社的同仁合影

任摄影记者。这一时期，方大曾的工作半径从天津延伸到唐山、北戴河、秦皇岛一带。他关注着动荡的时局，用手中的相机和笔记录时代，丰富经历，实现梦想，在许多通讯报道中，都流露出了他对于民生的同情和对国家命运的忧虑。

海滨是北戴河海滨的简称，北宁铁路的北戴河车站距实际的北戴河海滨尚有十五公里，另有海滨支路可通，这一个站即叫作海滨车站，故北戴河与海滨是两个地方不可混同。

华北走私的大本营，最初是在秦皇岛一带，那里有中国的海关，因为屡次发生"不幸事件"的结果，这种经营就渐渐沿着海岸往南移，目前已全部集中在海滨与昌黎边境之间了。在这四十里长的走私地带上，尤以戴河口及洋河口间为最繁盛,由此连上岸的私货,几占华北走私总数的三分之二。

海滨是个幽美的风景区,为"高等华人"与外国绅士们的消夏胜地,一向是由北宁铁路局经营管理的,设有"海滨自治区公署",但是自一九三六年的十二月"冀东政府"从北宁铁路手里把它接管过来,将原来的自治区公署改为"风景区管理局"了。

站在风景区的山头上,或者是海岸上,往西南望去,总可见到几支[只]火轮浮在遥遥的海面上,那就是走私的景况,出了风景区,往西走过一条小溪,有个村庄叫河东寨,"河寨"想必就是指戴河之东的意思,这是"参观"走私的一个起点,从此往西去,那里有无数的"奇观"供给你的鉴赏,其实这与其说的是走私倒不如说是自由贸易了。别看这里没有那些现代化的码头设备,但这确干着"超现代"的勾当。

大连是个自由港,距海滨才只有一百六十里,私货自大连打包装船起运,从前完全用二十吨至六十吨的小汽船,但小汽船的成本较贵,同时危险性又较大,所以现在已全部改用大火轮了。这些火轮最大的有达一万吨者,最小的亦大不过六千吨,在一九三六至一九三七年的这一冬季,虽然海面常常被冰凌封冻着,走私的火轮还是以每天两三支[只]的平均数满载而来,现在天气暖和了,"经济合作"的声浪越发的刺人耳目了,所以这种船只的往来当更加活跃了吧。(小方《走私在海滨·天津通讯》)

方澄敏在回忆文章中写那时候的哥哥,常常只带一把雨伞、一条毛毯、一个背包、一架相机就离开家了,活跃于平津,及晋、察、冀、绥一带。

小时候，我们一块生活，说起来挺有意思。有一年，我小学还没有毕业，也就是快上中学了，一次我哥哥小方，在我屋里洗脚，他天天在我屋里洗脚，洗了脚也不倒水，还得我给他倒，我挺生气的，后来那天我就跟他吵起来了，我偏让他自己倒，后来到底还是他自己倒了。从那天起我就不理他了，"太讨厌他了！"……后来虽然天天同在家里，但有两年没说话。"九·一八"事变以后，北平学生纷纷参加"南下请愿"，我被班上选为班代表参加了"南下示威团"——出发前学生们全在前门火车站（老北京火车站）"卧果儿"（即卧轨示威，取北京话谐音。"卧果儿"为鸡蛋的一种烹制法。——访问者注。）——政府不给开车，就往轨道上躺。小方那次也去了火车站，带着照相机，他一眼就看见我了，赶快就往家里跑，告诉家里一声他也要去。等再赶到火车站，车已经开了，他没赶上。从这以后，他对我有了一个看法，认为我也是进步的、抗日的，所以当我回来我俩就说话了，一天比一天亲热起来。当时有个党的外围组织，叫"反帝大同盟"，是极广泛的组织，小方和一个姓马的爱国青年还帮助我们建立起"大同盟女一中支部"，以后有活动他都通过姓马的直接通知我，关系就更密切了。那时我哥哥一回来，就先找我，进家门先问："老方回来没有？"他管我叫"老方"，他倒是个"小方"。（方澄敏回忆文章，原载于《摄影文史》1987年11月）

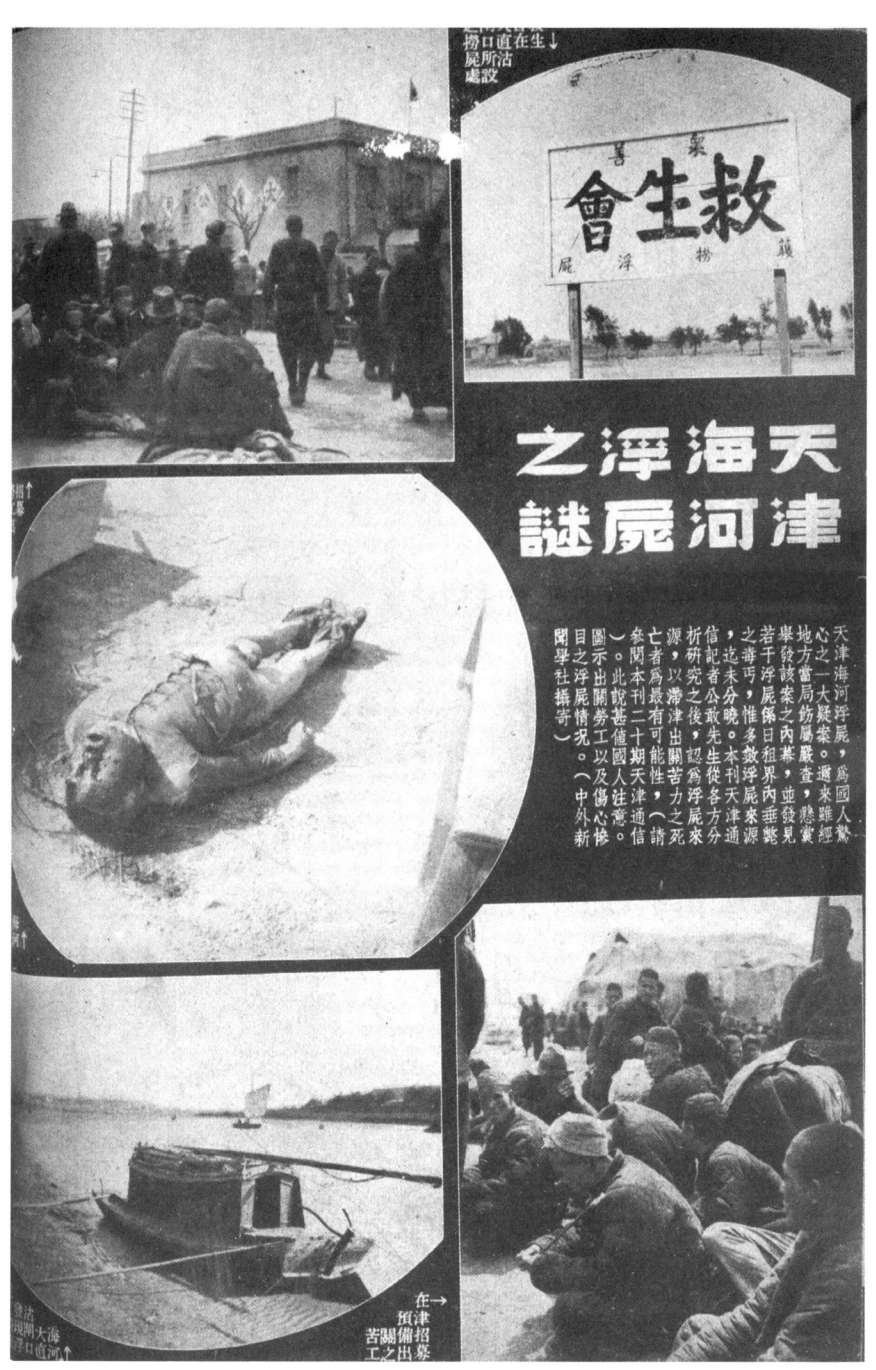

方大曾发表在上海《申报》第 2 卷第 22 期的《天津海河浮尸之谜》

方大曾关注时局和民众生活，拍摄中我们在国家图书馆查阅了大量1935到1937年的报刊，在《申报》《世界知识》《大公报》《良友》上，可以看到许多他对战局、腐败问题和经济生活的描述。

20世纪30年代，在美国有一些拍照片的人，围绕着一个叫粮食安全局的组织，专门报道当时社会艰难的状况，各个层面的生活，出了很多有名的摄影家，小方应该是受到了很大的影响，他把镜头对准了社会的底层、苦难的人民，还有中国当时特别危机的社会状况。

到了1935年的时候小方到了天津的基督教青年会做职员，这也是很不容易的，他本身不是基督徒，但是他选择了这份工作，基督教青年会可以更多接触一些国外的资讯，更多是文化资讯，他可以看一些当时外文的报纸、外文的杂志，对整个世界上面的文化动向有一个了解，还可以接触。确确实实，他在这里面最后看到了埃德加·斯诺的作品，到延安采访的记者，后来，他还请当时北平基督教青年会的一个神职人员来一起观看斯诺拍的照片。

当时看到小方留下的这些照片，这一盒照片里头我发现了几张就是延安的照片，抗日军政大学，延安儿童团的这些照片，我奇怪这不是斯诺拍的吗？怎么在这盒子里？后来这个谜解开了，因为他是翻拍的斯诺的作品，因为斯诺的是幻灯片，你可以看见这照片上面有薄薄的一层纸制的纤维，从技术角度上讲，在翻拍的时候要垫一张薄的纸，才能把这个照片翻拍下来。（陈申访谈，2012年7月12日）

军训夏令营

一二·九学生运动

辛亥烈士纪念塔落成

民众集会

早在1936年底，在绥东平地泉一座小屋子里，"硕壮身躯、面庞红润、头发带黄的斯拉夫型青年"方大曾就给范长江留下过别样的感觉。窗外是令来自南方的人们感到震撼的"如万顷波涛呼啸而来"的朔风在肆虐，这位有着俄国人长相的二十四岁青年人很轻松地道出了他的打算：骑马翻越阴山，继续他的塞北之旅。这次旅行的结果是《绥东前线视察记》《兴和之行》《从集宁到陶林》等图文并茂的报道出现在《世界知识》的读者面前，而他的轻松乐观也洋溢在字里行间。这个兴趣广泛的经济系毕业生在他的战地报道中，甚至有余暇去探讨绵羊的种类及其经济价值对民生的作用。这些并不是可有可无的，读者从方大曾那里全面地了解到战区正在发生的一切。在他的报道中我们还常常发现对时局的忧虑，对当局措施的批评与反思。在翻越阴山时，就连唯一的随从——十三军的一个士兵都差点中途折返，而理想主义得近乎自虐的方大曾坚持完成了预定的采访任务。

到了1937年的夏天，日本终于决定不再给蒋委员长以"安内"的时间。被日本人以卑劣手段压抑了许久的中国人以一种前所未有的态度迎接这场战争的爆发。甚至在战争爆发之前，方大曾在他的旅行报道和战地采访中就流露出抗战的决心，"中国的出路，只有打上前去，打到多伦，打到承德，直进到东三省去！我们对于这个伟大的民族解放战争，抱着绝对胜利的把握，因为在失去了的国土上，还住着我们的同胞，他们将举起了枪，在热烈的欢迎我们，要收复失地，并不是难事"（《兴和之行》）。他对我军中下级官兵激昂情绪的描写，给民众以希望，也指出了中日之战不可避免。

除了零散的文字外，有关方大曾可供拍摄的资料相当地匮乏，在搜索过程中，我总是感觉着即将要触摸到他，但是一伸出手马上又觉得遥不可及，

方大曾翻拍斯诺的延安照片

方大曾翻拍斯诺的延安照片

方大曾翻拍斯诺的延安照片

几乎每天都在希望和失望中游走。差不多前后有四个半月的时间，我是在北京图书馆过刊库里度过的，面对着海量的文字和图片，伴随着找着找着就消失了的线索，一期一期地查找《世界知识》《大公报》《美术生活》《民报周刊》《妇女生活杂志》《良友杂志》，那些都是当时小方经常供稿的刊物，我在其中找到了许多泛黄的纸页，上边有小方的名字。照片和文章带着我们回到了从前，由此入手，寻找方大曾和那个时代，期望能够一点一滴接近小方，通过只言片语拼接完成生动鲜活的形象，这种方式像是在故纸堆里发掘考古，也像社会学中田野调查的工作方式，使我在开机之前对于方大曾的生存环境、工作方式、思想脉络和时代背景，有了更为形象的认识，为影像表达提供了基础。

电视作为展示形象的载体，不同于平面媒体，因为文章完全可以靠想象、情景描述来完成，而纪录片则需要真实形象的支撑，任何一个画面都要有依据，有来源。在这个过程中，我伴随着纸张的霉变味道，翻阅了数百万字历史的资料，确定拍摄的采访对象就有百十个，所拍摄和检视的音视频资料内容达几十个小时，因为要在片子表现整个的拍摄过程，既要建立方大曾生活的立体坐标，同时我还希望让观众知道，是什么样的一种环境影响着小方，他为什么要去拍这个东西。我认为，一个带有历史性的纪录片，既要有国际上的背景，还要有当时国内的一种现状，这对小方的心理是有一定的影响，所以导致他由认识行为的转化变成了一种实际的自觉行动，因为时代影响会决定一个人的价值取向。从我"接触"小方的感受上来讲，始终觉得他是一个具有高尚情操的青年。所谓高尚体现在他的观念当中没有太多党派这样的概念，完全是一种民本的、人本的朴素思想，体现着民族危亡时刻，中华儿女应有

《战氛笼罩下之兴和》载上海《申报》第2卷第4期

的高尚品质。这种境界的形成一方面是个人素养，另一方面是离不开时代影响的。

从1999年底到2000年秋天，近一年的时间里，我曾两次按照方大曾文中记录的地点，往返他为人所知、但并不完整的最后路线。寻访拍摄中，我和摄制组一直被他的精神感召着，超越年龄的成熟行为和超越时代的深刻见解，让人钦佩。面对他留下的记录着一个旧时代的底片，还有家人数十年来无望的期盼，尽管过程中我经历了亲人亡故、经费不足、线索中断、孤立无援等种种困境，但至今无悔当初决定拍摄的选择。

许多年后，在北京东城协和胡同10号的那座小院内，当年迈的方澄敏老人擦拭着存有小方底片的木盒时，那小时候常常懒得倒洗脚水的哥哥便会出现在她眼前，流连在氤氲的枣花香中。感谢方澄敏出于亲情保存了这个木盒和那近千张底片，她让我们领略了中国新闻史和摄影史之外的小方。摄影术在中国还很年轻的时候，一个同样年轻的手指，经意和不经意间留住了一个永远鲜活的生命和他目光抚摸过的时代。

从北京、保定、石家庄、太原、大同到蠡县，往复行程四千多公里，从娘子关出雁门关，我们用镜头一路追寻着方大曾最后的生命时光。

在方大曾失踪半个世纪后出版的《中国摄影史》里，有关他的篇幅屈指可数。不过这零零散散的篇幅，成了今天对那个遥远年代的藕断丝连的记忆。我们的寻找是一次重现，如果纪录片《寻找方大曾》能让你发现些什么，你一定要在心里默念他的名字，因为它代表着高尚、青春和牺牲。

海河码头

察绥路上

青龙桥詹天佑像

纤夫

方澄敏和相伴六十年的底片盒(冯雪松摄)

三 灰房子时期的报道

  那个时候不知道还有个舅舅,我们院子很大,是前院跟后院,前头一排房子是我外婆在住,中间一排房子是我们家在住,后院房子是我姨妈,就是方澄敏老人在住。在前院的东南角上有那么一个木头的房子,是灰颜色的,那个房子有两米多高,长大以后我才知道那就是他洗照片的地方。

——张在璇《一个时代的倒影》
（央视网访谈节目）

小方的成长体现了知行合一

    方大曾的青少年时代是在北平市立第一中学度过的，这所始建于清顺治元年（1644年）的学校，是清王朝专为八旗子弟设立的。1912年蔡元培主持教育部工作时决定，"八旗高等学堂仍准设立，唯将八旗取消，五族皆可入"，自此一中结束了皇家学校的历史，成为一所普通中学。高中毕业后，小方考入了离家不远的中法大学。读书期间，他更加热衷于用相机关注社会，常常利用假期去旅行、写通讯、拍照片，给报刊供稿。关于学习成绩，方澄敏曾回忆道："没听说不好，也不是尖子。"阅读当时的报道，小方对民生兴趣更浓，大量民众的劳作与生活进入他的取景器，他如实反映，不过多掺杂个人情感，但是细细读来，能够觉察到他热切的同情心，隐含在字里行间和黑白片的背后。这一时期，他以所学专业的角度衡量着看见的和经历的，报道更为客观，拍摄的照片更为冷静。

  过了塘沽以后，乘客渐渐的稀少了，由于我身旁背着的照相机引起了押车警的好奇，于是我们就谈起话来，我乐得乘着这机会向他问了些冀东的近况，才知道冀东并不是如一般人所想像的那样神秘与恐怖，对于旅行者是很方便而自由的，后来，由于此行的经历，我也觉得冀东伪组织虽然已成立了一年之久，但它的统治是散漫的，工作是混乱的，基础是摇动的，社会是荒淫的……这且待我一段一段的写出来。

  这次冀东的旅行，共经五日，而大部分时间是在唐山、滦县及昌黎。本想也到山海关去一趟的，但是在中途遇着大风雪因未带寒衣，只得折回。

（方大曾《冀东一瞥》）

  每次旅行回来，方大曾总是抓紧写稿和洗印照片，他在自家院子里用木头制作了一个暗房，供冲洗和放大胶片使用，有时候妹妹方澄敏也跑过来，帮着定影，打打下手。

  方大曾的外甥、《四川日报》高级记者张在旋先生2012年7月接受笔者访问时对于舅舅的暗房有如下回忆：

  我知道有这个舅舅还是很晚了，应该是1950年从上海到北京，搬到老宅，最早是协和胡同7号，现在改成10号。那个时候不知道还有个舅舅，我们院子很大，是前院跟后院，前头一排房子是我外婆在住，中间一排房子是我们家在住，后院房子是我姨妈，就是方澄敏老人在住。在

塘沽车站

唐山车站

冀东之行所见

前院的东南角上有那么一个木头的房子,是灰颜色的,那个房子有两米多高,里边是四尺,有一米二三见方的屋子,开门以后右手边有一个洞,洞两边有槽子,这个槽子里头就可以插一些木板或者是红玻璃、绿玻璃,把这个门关上,木板插进去。房子做得很好,严丝合缝,里头黢黑什么都看不见。我们小时候很淘气,小屋子在院子里就是一个碉堡,窗户开就可以玩打仗,在里头跟着我哥哥在院子里瞎闹,成了我们玩的地方,结果有一天让我外婆看见了,外婆就喊出来出来,那是你大舅的东西,我们出来以后就把门关上了。这时候知道我还有个舅舅,长大以后我才知道那个房子就是他洗照片的地方。

待到我们拍摄时,小方冲洗照片的灰房子早已不知所踪,就连院子里的老房子都已翻盖,除了一棵树和脚下的土地,这里似乎已和方大曾再无关联。尽管从前无迹可寻,摄制组还是找来数个绿色相框,从少年到青年,把小方的照片,悬挂在和大树相连的晾衣铁丝上,还有他经常进出的胡同旁,虽然远隔数十年,镜头中,方大曾表情从容,衣着时尚,气宇轩昂,在目光相对的瞬间,我们之间似乎有了某种不易察觉的沟通。

台湾出版的《摄影家》杂志第17期,用全部的篇幅,介绍了方大曾的58幅作品,这些作品大都是他大学毕业之后到卢沟桥事变前的旅行成果,内容广泛,质量颇高,无疑是灰房子时期的代表作。而这些,只是方澄敏保存的近千张120底片中的有限选择。就像露出海面的一角可以使人领略海水中隐藏的冰山那样,这58幅才华横溢的作品栩栩如生地展示了一个遥远时代的风格。激战前宁静的前线,一个士兵背着上了刺刀的长枪站在掩体里;运送补给品的民夫散漫地走在高山之下;车站前移防的士兵,脸上匆忙的神色显示

纪录片《寻找方大曾》协和胡同拍摄现场（冯雪松摄）

了他们没有时间去思考自己的命运；寒冷的冬天里，一个死者的断臂如同折断后枯干的树枝，另一个活着的人正在剥去他身上的棉衣；戴着防毒面罩的化学战；行走的军人和站在墙边的百姓；战争中的走私；示威的人群；樵夫；农夫；船夫；码头工人；日本妓女；军乐队；坐在长城上的孩子；海水中嬉笑的孩子；井底的矿工；烈日下赤身裸体的纤夫；城市里的搬运工；集市；赶集的人和马车；一个父亲和他的五个儿子；一个母亲和她没有穿裤子的女儿；纺织女工；蒙古族女子；王爷女儿的婚礼；兴高采烈的西藏小喇嘛……从画面上看，方大曾的这些作品几乎都是以抓拍的方式来完成，可是来自镜框的感觉又使人觉得这些作品的构图是精心设计的。将快门按下时的瞬间感觉和构图时的胸有成竹合二为一，这就是方大曾留给我们的不朽经历。

关于对方大曾作品的解读，作家余华开始不同意对他进行采访，理由是，他对平面的艺术不是很了解，相对来说，他对流动的，比如音乐和文学，叙述性的东西，能够感受得深一点儿。

后来余华在接受笔者采访时说："一看方大曾的作品，瞬间的感觉把我给抓住了。这似乎再次证明了，现实可能比我们认为的艺术更加有力。我可以想象，方大曾是在那么一个动乱的年代，他的快门不断地按动，进入取景框的那个时代的画面是不需要构思的，一方面体现他作为一名摄影师的才华，另一方面说现实高于艺术。其实很多消失的东西并没有消失，比如方大曾的作品也有这样的意义，我们今天看到他的作品后，怎么那么的亲切？除了有些画面景观已经不一样，比如一些码头、车站，现在可能在一些偏僻的地方

冯雪松（左）访问作家
余华（马东戈摄）

依然有，但你发现人的表情居然没有变，无论是饥荒的，还是战争中的表情，没什么变化。（他的作品中）有我们这个时代所熟悉的麻木，也有我们这个时代所熟悉的欢乐和表情，这就是我们如何对待那个消失的世界，其实，那个世界没有消失，它无非是以今天的方式存在着。"

　　高尚仁是小方在北平基督教青年会认识的。小方小时候常到青年会去玩，得到了高先生的喜爱，1935年高先生聘请他担任了青年会少年部干事。这样的任用，在当时是破格的，因为小方并非教徒，不是教徒而能当上一名干事，小方乃是第一人。而且，这个工作大大方便了小方的社会活动，因为有了教会这件保护色外衣，有了高先生的庇护，小方在工作进行的过程中就少了一些阻碍。他是中华民族解放先锋队的队员（简称民先），又是我的介绍人。我们"民先"队员在绥战妇女慰劳会的名义下办了一个救护训练班借青年会进行活动，安全的办了一期，在那时借个地方搞救亡工作是多么不容易哟！

　　北平学生运动示威游行是少不了他的足迹，在队伍的前前后后，跑来跑去的拍照，"一二·九"时的镜头如全部保存下来，那将大大补充了这一历史时期的真实资料。高先生对于抗日救亡活动给了多么大的支持呀！好像是为了答谢高先生的相助，小方也曾两次邀请高先生观看斯诺（《西行漫记》的作者）1936年访问陕北根据地时所制的幻灯影片。他俩之间这种默默的关注，今天想来，还不免有点儿令人心醉。（方澄敏回忆文章，原载于《摄影文史》1987年11月）

黄河上的船夫

制陶匠

行走的人

等待下井的矿工

方大曾工作过的北平基督教青年会旧址（冯雪松摄）

    1935年夏天，方大曾从中法大学毕业，先是应聘到天津青年会少年部工作，除了参与会内活动，还教有志于摄影的孩子基础知识。几乎同时，中共地下党员组建的中外新闻学社在津成立，小方就加入该社担任摄影记者，至此，他的活动区域更加广泛了。

    大概二十五（1936）年的夏天，我在天津《大公报》的编辑部桌上看到一张"方大曾"的名片，据同事告诉我，是一个来交涉投稿机会的人。因为这样的事情很多，当然没有什么特别注意。以后不久，在天津《益世报》的地方版上，看到有他的一篇长篇通信——"张垣至大同"，他把察晋间的社会黑暗情形暴露不少。不过，一则他名气还不大，再则初写通讯，还没有引起很多人注意。从据绥远战争时同在绥远工作至中央社同业王华灼先生谈及，他因为那时采用小方的通信，报馆当局认为对于社会黑暗之指摘为不妥，因而解除了他的职务。

    在书刊上，我们常常看到"小方"的作品，他对于题材的选择和对

小方经常穿行的东堂子胡同（冯雪松摄）

于时间性的谨严，都是引起朋友们注意的地方。绥远战争以后他更主要地以摄影记者姿态出现。（范长江《忆小方》）

  1936年和1937年，是方大曾采访报道最出色、摄影创作最旺盛的时期。转到北平基督教青年会后，他把写通讯报道和拍摄新闻照片有机地联系起来，把艺术摄影和报道摄影统一地协调起来，到现实生活中，到火热斗争中去，力求新颖、生动、明快，是小方这一段辛勤采访、写作、拍照的特色。

  出协和胡同左转经东堂子胡同向西，北平基督教青年会与方大曾的家，仅一街之隔。他每天穿行这条马路，或许在那时候，他一推开青年会的窗子，就能看到东单街上的景象：人流、商铺和驼队。当我再次走进这条胡同的时候，太阳明晃晃地照着，胡同口的房子被不远处的现代化酒店压迫着，显得陈旧多余，蔡元培先生的故居也位于其中，胡同里垃圾遍地，鞋匠发着呆等生意，小贩的叫卖声此起彼伏。这样的情形，在寸土寸金的北京东单有些不可思议。不知道方大曾当年经过时，看到的是什么样的景观？有过哪些感慨？

小方曾两次邀请北平基督教青年会少年部主任高尚仁观看埃德加·斯诺访问陕北的幻灯片，偶尔，他也垫上白纸把这些幻灯片翻拍下来，连同自己的作品一起赠送给朋友。这期间上海《生活星期刊》及《世界知识》聘请他任特约记者，他写的通讯和拍摄的照片，均及时向国内各大报刊分发，供各报刊采用。如邹韬奋1936年6、7月份在香港主编的《生活日报》，就连载了小方写的长篇通讯《张垣一瞥》《从张垣到大同》《晋北煤业现状》（见20—21号，22—26号，36—37号各报）等文，当年8月迁上海出版的《生活星期刊》，又刊出他的旅行通讯《从大同到绥远》特约通信《北平学生的灾区服务》（见1卷13期，25期）。《申报》每周增刊接连发表他写的旅行通讯《绥远的鸦片问题》《冀东视察记》《集宁见闻记》《四子王府见闻记》（见1卷41期、49期，2卷1期、18期），《世界知识》发表了他写的通讯《宛平之行》《绥远的军事地理》《冀东一瞥》《绥东前线视察记》《兴和之行》《从集宁到陶林》（见5卷5号、6号、7号、8号、9号、12号），上海《国民》周刊也刊出他写的《走私在海滨》《北平学生大露营》（见2期、11期）等文。这些通讯报道，观察深刻，文笔流畅，往往配有形象纪实的照片做插图，因此为广大读者所喜闻乐见。

  暑假刚刚开始，北平的学生成了露营狂，在西山一带，南起八大处，北止旸台山，都布满了帐篷，帐篷里面都是活泼可爱的健康青年。

  露营的虽然有这许多，但我要特别记述的是北平五大学学生——中法，清华，东北，法商，北大发起的"联合大露营"，定名"北平学生联合夏令营"，各校学生均可自由参加。因为这个露营特别含有救国意义，所以是"与众不同"。

夏令营地点在平西旸台山大觉寺。帐棚搭在半山坡上，日期自六月三十日起，直到暑假完毕为止，定每十日为一届，每届收营员一百至一百五十人，第一届参加者为一百三十人，他们从西直门乘载重汽车至平西青龙桥，再下车徒步三十里至大觉寺，行李则用汽车载到山下，然后自行搬往营址，还须扛三里多的山路，男女同学一样工作，没有强弱之分，至少在精神方面是没有分别的，扛行李的时候，劳作的唱声充满了山谷。

参加夏令营的，每人只交二元五角的营费，这十日中的一切用度都包含在内了，他们吃的是北方苦力劳动者们所吃的窝头，咸菜和小米粥，在营里，一切工作都是自己下手，以练习自己处理"家常生活"的能力。

他们的日常生活，是早四时半起床，先有早操，升旗等，然后举行自然科学军事学及政治问题等座谈会，或为演讲会，约请平市名人莅营主讲，如二十九军何基沣旅长，南开大学教授罗隆基等。下午大半为军事演习，注重夜间游击战术。此外每晚必有检讨会，以检讨一日的（得失），是特别有意义的工作。当我们看到河南山东的二十万农民被诱出关以及海河浮尸等，我们就得自问：难道我们就没有法子预先防止吗？日本人也常说：学生运动并不可怕，因为它并未深入农村，但是反观大批的毒品，棉织，走私的日用品，倒早就和许多农民的生活结成一片了，这是多么严重的问题，站在国防前线上的学生们，应该在自我的训练之外，还要努力加紧一般民众，尤其是农民的启蒙工作！

这个夏令营的目的，是要利用良好的自然环境，利用闲暇的假期，在身心方面训练耐劳的精神，养成纪律的生活……作一个健全的战士，以准备应付这风云紧张局面。（小方《北平学生大露营·北平通讯》）

诗人方殷回忆说，大学毕业后的方德曾越发成熟，见解独到，角度深刻，思想独立，风格明显，"已成了驰骋长城内外，报道救亡爱国事迹的名记者了。他与当时也常报道文章的长江、徐盈同负盛名"。

小方这时期的报道摄影质量超群，展现了时代风貌，富有战斗气息。发稿时，有时署名"小方"或"方大曾"摄，有些不署名或署"中外新闻社"摄，但均为国内外舆论界所看重，被国内报刊及美国的《时代》(Times)、英国的《伦敦新闻画报》(Illustrated London News) 等刊载。

拍摄日记　2000 年 3 月 1 日星期三

开始拍摄《寻找方大曾》。上午 9:30 去新华社著名战地记者唐师曾家采访。

一进门，唐师曾冲我笑着说："听张越（《半边天》主持人）说你是一特好的编导，你这一个选题太棒了。"

这感觉不像第一次见面，因几年前读过他的《我从战场归来》，印象特深，所以见面自然少了些客套，话题直奔战场。他当时装备精良只身赴巴格达，有壮士一去不返的感觉。当然，那时他离我比较远，看得见摸不着，一接触，才知道唐兄颇具感性，憨厚可爱，也就拘束全无。

昨天电话里，唐师曾就对小方大加褒奖，认为方大曾是能与著名战地记者罗伯特·卡帕相比的人。他说，我个人喜欢方大曾有四个原因：首先，我

北平学生大露营(组照)

小方发表在上海《国民》周刊和《生活星期刊》的图文报道

2000年3月冯雪松（左）访问唐师曾（马东戈摄）

们都是无锡老乡，老乡见老乡两眼泪汪汪。其次，我俩名字都鬼使神差共用一个"曾"字。第三，我们都在世界知识出版社的刊物上发表作品。第四，我们都采访过战争。因为有共同的话题，我们还聊到了他的老师萧乾，分享了萧老对他的几句忠告和战地经验。

因为小方，虽与唐师曾初次见面却似乎早有默契，他对我的问题好像事先知道一样，回答起来行云流水，颇为精彩。如果不是摄影师马东戈叫停换磁带，他大概会一直说下去。谈话中，他早已将方大曾与卡迪埃·布列松、卡帕、大卫·西摩、萨尔托迦一些摄影史上鼎鼎大名的人物相提并论。

他说，原以为那种关心人、关心人类生存环境的理念只有玛格南图片社的摄影师才具备，其实，六十多年前方大曾就已经这样做了。他认为方大曾是真正意义上的摄影家，具有人类高贵品质的人。面对小方，他觉得自己惭愧。

采访时我们请他描述在战地的感受，他坦言："那种心情不是恐惧，而是孤独。"

我们是在前一天上午将方大曾的作品通过朋友转给唐师曾的，可以说，那之前他并不完全知道方大曾。他当时正在参加一个关于电影的会，中午我就在电话里听到了他激动的声音。

唐师曾聊起小方兴致盎然（冯雪松摄）

拍摄结束，唐师曾仍沉浸在小方的故事里，吃饭时，他让我们猜想，如果小方活到今天会是怎样的情形，大家相视无语。

由于纪录片时长所限，剪接时只能选择与方大曾直接相关的有限部分。我还是愿将唐师曾几个未被剪接的谈话片段介绍出来，与大家分享。

未被剪接的谈话片段之一：

我成名以后，无论到哪里采访，都跟个豪华旅行团似的。小方只有一个人，一个背包，一把雨伞，一架照相机，到一些很偏僻的地方去拍摄，和他相比，我觉得我的这种行为是在往自己的脸上抹屎而不是抹口红。

未被剪接的谈话片段之二：

方大曾，我仿佛能看见，我摸不着他，我知道有这么一个伟大的生命，很年轻，二十几岁。从我知道他时起（那形象）就包围着我，让我心烦意乱，让我觉得自己特没劲，我参加各种活动是一种堕落，我住在这样的房子里是一种堕落。

未被剪接的谈话片段之三：

我看他（方大曾）去矿山，挂着一根棍子，戴一顶安全帽，拿着盏矿灯。我在伊拉克，我穿共和国卫队的服装，一个男人在孤独时想找他的同类，那时，我说我是伊拉克人，当美国飞机炸过来时，至少有四百万人和你

小方在山西口泉矿下井采访

差不多,这样能战胜自己心理上的孤独感。

有段时间,我和唐师曾联系得比较多,缘由多半是因为小方,现在回想起来,仍能体悟到神聊时激动的心情,后来,我两次前往河北、山西等地寻访,再后来,他开着大切诺基也去了。

绥远抗战的炮声打响后,小方带着他的武器,一枝秃笔和一个照相机,到战地采访,所写通讯一篇接一篇的在《世界知识》上发表,有:《宛平之行》、《绥远的军事地理》、《绥东前线视察记》、《兴和之行》、《从集宁到陶林》等等。他的足迹遍及长城内外,火热般的报道大大鼓舞了我国人民抗日斗争的士气。他的图文并茂的文章不仅吸引了广大的读者,也引起了新闻界著名人士如范长江、金仲华、陆诒等的赏识与重视。金当时为《世界知识》主编,函聘小方为该刊特约记者。现在,每当我拿起他所拍的照片或所写的文章,那真如鲁迅先生所说的,手里好像握着

一团火,他要是突然地出现在我的面前,那该多好啊!(方澄敏回忆文章,原载于《摄影文史》1987年11月)

小方在旅行通讯途中还谈到在绥东为农牧民及士兵拍照的实际体会,他说在集宁"当记者驱向牧群去照相时,他们都很快乐,总叫我替他们自己与牲畜拍一影。对于照相的观念,绥远农民比河北省的来得开通;不信的话,你要是在河北省的乡间,去冒失的摄取农民生活,他一定会骂跑你,并且怪你会把他的'运气'照去呢"!到前线红格尔图去,"经过一个小村庄,有四〇一团的步兵驻守着,弟兄们正在附近作工事。记者趋前说明来意,并给他们摄影,大家都欢喜极了"。

"明天我要到百灵庙去,如果走得早,我就不来看你了!"两年前在塞外著名的高寒地方——绥东平地泉的冬夜,黑黑一屋子的塞外冬装青年人,屋内发黄的烛光,被屋外如万顷波涛呼啸而来的狂风震撼得发闪,这位硕壮身躯、面庞红润,头发带黄的斯拉夫型的青年方大曾先生走来和我握手。

"到百灵庙?"

"是的。"

"你怎样去法?"因为从平地泉到百灵庙,在塞上冬天如果不是走归绥经武川的汽车路,那么一定要斜穿阴山,出草原,那是雄壮而艰苦的旅程,这位平时没有被人重视的朋友,今天却来这样一个壮举,我有点不明白他如何去法。一则恐怕他太过于理想,一则恐怕他准备不够,途中容易发生困难。

平地泉车站巧遇山西前线慰劳队

"骑马去。"坦然的回答。

"几个人一路?"

"还有个马夫。"

"你带什么东西?"

"就是身上带的这一点。"

塞外的生活,我们多少经历过一些,总少像他这样冬季孤身翻阴山,而且正是百灵庙战争之后。(范长江《忆小方》)

1936年12月4日,方大曾从北平出发,乘坐夜行列车到绥远前线进行采访,这次长达四十三天的行程,使他全面报道了著名的"绥远抗战",拍摄照片数百张,写出了《绥远军事地理》《绥东前线视察记》等战地通讯。范长江在《忆小方》中所描写的段落,是方大曾在绥远平地泉的采访实录,他们在此相识并成为朋友。拍摄中我们在国家图书馆查阅了大量1935年到1937年的报刊,在《申报》《世界知识》《大公报》《良友》上,可以看到许多方大曾对战局、腐败问题和经济生活的图文报道。

马夫

绥远前线

修筑工事

集宁防空演习（组照）

这些照片是一个叫方大曾的年轻人拍摄的，内容是三十年代中国社会生活、自然景象和抗战初期的前沿报道。刊载这些照片的杂志散落在图书馆的角落里，令人吃惊的是，在我们查找之前，它的借阅单上一片空白，也就是说六十年来它几乎没有一位读者。

今天，这些照片的底版大多数已不知去向，如同它的作者和被拍摄的人与景物。（纪录片《寻找方大曾》解说词）

摄影界前辈吴群先生对方大曾的作品高度评价，他认为"小方的摄影报道主题鲜明，取材多样，突出表现在下列三方面：一是关怀劳动人疾苦，热

平绥路沿线（组照）

忱为工农兵写照。如在天津《玫瑰画报》74 期发表的《缝穷者》，给《世界文化》1 卷 11 期《门头沟——黑的世界》一文作插图的六幅组照（《中英煤矿的纹车》《宏福煤矿的工友在休息》《入窑前》《出窑后背至煤堆》《倒煤前的一刹那》《十几岁的儿童已面老苍苍了》）以及在《申报》周刊 2 卷 19 期发表的《绥远的国民军》组照等，均为这一类型。二是披露敌人侵略毒焰，现实华北处境危急。如在《申报》周刊 2 卷 22、23 期刊出的《天津海河浮尸之谜》《毒祸》组照，在《良友》画报 128 期刊出的《私货滚滚来》《如此丰台》组照，在《生活星期刊》1 卷 19 号上发表的《冀东伪自治区写真》组照，在上海《国民》周刊第 3 期发表的《敌人威胁下的天津》组照等等，

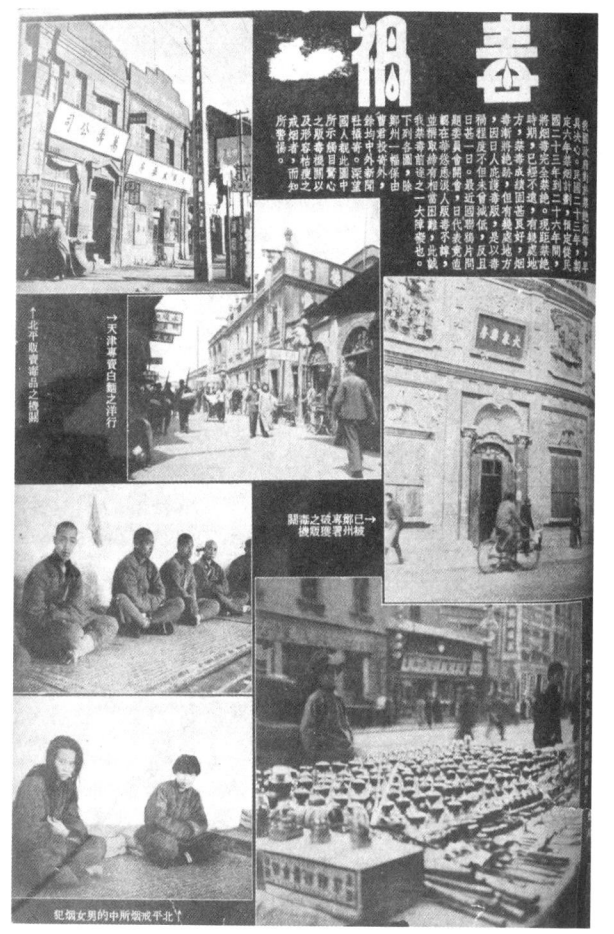

毒祸

均是引人注目的纪实摄影报道。三是反映察绥形势险恶，表现军民奋起抗击。如在《美术生活》画报35、36、38期刊出的《绥东前线》《集宁防空演习》《绥远阅兵及公祭抗战阵亡将士》组照，在《申报》周刊2卷4期、20期刊出的《战氛笼罩下之兴和》《雄视察北的大碉堡》《张家口之现状》三组照片，在《良友》画报124期刊出的《战事沉寂中绥边所见》，以及在《生活星期刊》发表的《平绥路沿线》等组照，都是这一方面的代表作"。

陈：小方每次参加运动都带着照相机？

方：都带。有一次，他去拍照，有很多警察，警察误以为小方是个外国记者，冲着小方说："你别跟他们（指爱国游行的学生）一块搅和。"

《申报》封面《雄视察北的大碉堡》

那时哪儿有游行,哪里准有他。

陈:小方外出采访拍照,每次回来是不是都给家里人说说在外边的见闻?

方:不说,一般不说,很多情况是我从他写的通讯里知道的。他采访绥远抗战,单人翻越大青山。他借了一匹马,一骑上去就给撂下来了,但很快,他的马就骑得不错了。您看这段写的:在绥东,骑兵七师师长门炳岳,第二天一早就带着小方他们看前沿阵地工事,还有一个中央社记者,还有范长江。门师长看他们的马骑得不错,说:你们都是武装的新闻记者,你们马都骑得不错。小方说:是的,不止是新闻记者,中国

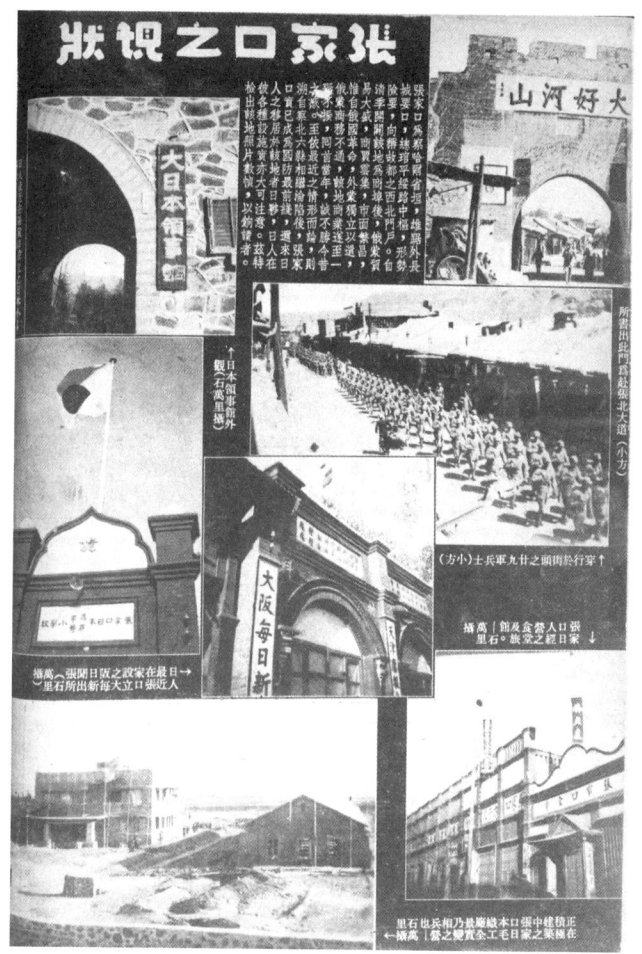

张家口之现状（组照）

的全民众都应该武装起来！现在看来，我哥哥当时的思想真是挺进步。（陈申访问方澄敏《半个世纪的搜索》）

  这段话整理自1995年陈申先生对方澄敏女士的访问录音，由于纪录片《寻找方大曾》容量有限，该内容并没有被剪辑采用，今天重温，仍能感受到当年妹妹对小方的亲情眷恋。余华在纪念文章中写道，在方澄敏长达半个多世纪的记忆里，方大曾的形象几乎是纯洁无瑕，他二十五岁时的突然消失，使他天真、热情和正直的个性没有去经受岁月更多更残忍的考验。而经历了将近一个世纪动荡的方澄敏，年届八十再度回忆自己的哥哥时不由百感交集。这里面蕴含着持久不变的一个妹妹的崇敬和自豪，以及一种少女般的对一个英俊和才华横溢的青年男子的憧憬,还有一个老人对一个单纯的年轻人的挚爱之情,方澄敏的记忆将这三者融为一体。

年末年初的这些日子,绥东平静,大家闲得要命。我本来早预备着回北平去了,但又忽然想到为什么不借着这机会到绥北去一趟呢?检察[查]一下箱子里的照相材料,看看还剩着二三百张未照的片子,我决定把它消耗在内蒙古去。

我计划着越过集宁与陶林间的大青山,经乌兰花大庙、百灵庙等处,横穿一段所谓"后草地"地带。这路程所经过的地方,大部分是蒙汉杂处,同时又是王英伪匪曾经陷落过的地方,自战争平定后,还没有新闻记者到那里去视察过被匪蹂躏后的惨状,其次,为着多了解一点目前最值得我们注意的所谓蒙古族民众与绥远大局的关系。以上面两种意义而言,这也是很值得去冒一次辛苦的旅行。

汤恩伯军长听到我这个计划,他要派汽车送我,但是他不知道这段原始状态下的路程,是不适宜于现代化的交通工具的,我早已向王万龄师长借好了两匹骏马,并蒙他派一个卫兵同行。

一月六日的中午,一位热诚的青年朋友邱溪映君,帮助我安置了一切,目送我远远的走上征途,"再见吧,我一定给你们带回来丰富的新闻!"我这样看着邱君作默默的思想。(小方《从集宁到陶林》)

我们采访方澄敏时,老人已无法用言语讲述哥哥的故事了,记忆告诉她,那个高大的、走路匆忙的、爱旅行的人,在她内心世界里依然英俊和年轻。翻看照片的时候,她发现那个形象并没有因为时光的流走而淡漠。有时候,

绥远的冬天

平静的一天

行进的驼队

草原上的人们

方澄敏仍固执地认为，她还住在老房子里，还能听到哥哥旅行回来，关上门，然后喊她的名字。屈指算来，那声音，已经在协和胡同里消失了七十多年。据家人回忆，小方洗照片用的灰房子，"文革"后还在，外婆死了，就当了仓库放杂物，后来养鸽子，木头朽了，渐渐腐烂，变成危房，就只剩下劈柴做饭的用处了。

四

融入生命的黑白片

  当我看到方大曾的作品，忽然觉得有种特殊的感觉从骨头缝里钻出来，这种感觉已经很长时间都没有了。原以为像马格南图片社那种关心人、关心人的生存环境理念（在三十年代的中国是没有的），其实在六十多年前方大曾就已经这样做了。

  ——唐师曾（访谈，2000年3月）

1936年5月21日，一个平淡无奇的日子，但对后来的历史学家来说，这一天是中国最丰富多彩的一天。当天，全国各地除一些特殊群众群体外，军人、学生、警察、企业家，甚至农民，各个阶层的人都留下了生动的文字记录。上海文坛发起的《中国的一日》征文，为那个年代的中国留下了最原始的资料，在人们的心目中，日本的侵华威胁是当时最大的忧虑。

在此前后，方大曾从天津基督教青年会返回北平工作。范长江曾回忆，这一时期"常常在报章上看到小方的作品，时效性强，题材选择谨严，绥远战争后，他主要是以摄影记者的姿态出现"。

前期采访时，有人说方大曾与斯诺在基督教青年会的阁楼上曾有过短暂的交谈，真实与否不得而知，如果真的有这次会面，他们说了些什么？当时天气如何？他们互相看了作品吗？拍摄中我们没能得到回答。

在采访和拍摄过程中，我曾多次接触方大曾留下来的底片，有些仍能清晰地看出为了冲洗和放大画上去的剪裁线。他的照片构图简单，纪实性的风格稳重成熟，内容平实，毫无虚伪炫弄之风，像一杯清茶，看似闲淡，品则生韵，又像老酒，入口绵厚，回甘浓郁，如果说茶韵生自新鲜，那么酒浓一定是因为深藏，小方给我的印象就是这样，一方面活力充沛，一方面沉稳老道。我们用幻灯机将他的照片一帧一帧地映到幕布上，一次一次地看，一遍一遍地拍，试图解读，试图发现，我们凭借影像看见了事物延续的永恒。方大曾身上具有朴素的思想，从他拍摄的下层民众脸上的表情来看，他们之间有着足够的信任和平等，在冷静的照片的背后，我们读到了一颗滚烫的心，他用生活做背景，他用生命做胶片。

码头搬运

拾粪

玩泥巴的孩子

八达岭之巅的英俊少年

我开始喜欢照相,算是有一点受舅舅的影响,因为我最初的印相箱就是舅舅的,就是舅舅自己做的一个印相箱,但是舅舅对我真正的影响还是我当记者以后,接触了舅舅的作品,看到他所拍摄的照片,对我影响很大。他的这种职业精神,他这种社会责任感,抓拍的这种纪实风格,他拍照片的一种理念是从来不摆,我看他的照片都是捕捉的瞬间,这些对我拍照片影响是相当大的。(张在璇访谈,2012年7月)

拍摄日记 2000年3月2日星期四

拍摄方大曾作品。这些作品是他1935年到1937年左右拍摄的,内容为平民的生活、战争、劳工等。面对小方的黑白世界,能使人生发出遐想种种,那些旧时代里的人物、建筑和风景,发散着经历时间窖酿一般的味道,翻看老照片,其实不是为了怀旧,是为了品尝。

小方当年拍摄的底片至今"颜色"不变。放大机是他用硬纸板做的,他把洗好的照片寄出去,然后用稿费再去买胶卷。

最早这些作品给我很强烈的震动,这种震动,跟我们平时所说的视觉冲击力是不一样的,不是一种夸张、奇异的效果。他的镜头很朴实,震动来自一种朴实的力量。他对所拍摄的人有一种感情,是发自内心的尊重,无论这些人是乞丐还是光着身子的纤夫,抑或战场上的普通官兵,他都表现出真实

流浪者

乡绅

军人肖像

拾荒人

三代同堂

的情感，那是一种爱。

若干年后，新华社记者唐师曾采访了海湾战争，他是最后撤离伊拉克的中国记者，回国后出版了《我从战场归来》《重返巴格达》等反映战地报道的作品。

当我看到方大曾的作品，忽然觉得有种特殊的感觉从骨头缝里出来，这种感觉很长时间都没有。不久前，中国摄影出版社准备出版一本叫《马格南的五十年》，让我写序，当时我觉得特惭愧，中国在马格南图片社成立五十年后才出这样一本画册，很遗憾。马格南那种关心人、关心人的生存环境理念（在三十年代的中国是没有的），五十年后中国才开始出这类的书加以介绍，其实六十年前方大曾就已经这样了。但是可悲的是，他的工作几乎是没人知道，在当时是很轰动的，但是最近五十年没人再提到这些。

我觉得摄影有两点是特别宝贵的东西，第一是纪实性，一个照片拍得不是真的，就没有什么意义了，这种真除了表面上形式的真实外，还

捡麦秸

要有本质的真实。还有一点是瞬间性,其实就那么简单的决定性的一瞬间,就决定了什么是伟大,什么是平庸,这两点原以为在西方的摄影师那里才有,现在发现,在卢沟桥事变前,方大曾早就这么做了。(冯雪松访问唐师曾,2000年3月)

"去看生活,去看世界,去目击伟大的事件,去观看穷人的面孔与骄傲人的姿态。"美国的《生活》杂志以这项宣言发刊并且启动了新闻摄影报道的黄金时代。当时,许多摄影师为追求真实付出了代价。1913年出生于匈牙利布达佩斯的罗伯特·卡帕,小方大曾一岁,因新闻照片《共和国卫士之死》而获得了国际声誉。以35毫米相机、大光圈镜头、高速药膜底片结合他大胆、无畏的勇气,卡帕在西班牙内战中一举成名。这一年,方大曾正在天津中外新闻学社担任摄影记者,他的目光更加坚定地投向社会的底层,民众的生活和处境大量涌入他的镜头,贴近现实,记录民生。

在小方留下的文字里,没有发现他对于照相器材的使用心得,也没有发现他关于拍照的经验体会,他似乎更为关注被拍摄的内容,而不是设备的好坏和构图的唯美,他喜欢简单和直接,让内容说话,意图单纯明了,不喜欢

在参展作品前的方大曾

复杂和婉转。

  方大曾和同时代的其他人比较,最大的区别在于他有一份信仰。他立志要做新闻工作,可能现在想起来,他是受到很多人的影响。在国内就是范长江,他对范长江是很崇拜、很崇敬的,因为范长江出名比他早,在西北战场上出名,而且在写报道上要比他早,他对小方很有影响,以至于他后来去投奔范长江,这是一个。在国际上,小方有他崇拜的偶像,像当时在欧战中很有名的一个记者罗伯特·卡帕,那是他的一个崇拜偶像。卡帕赌的是命,评论界评论卡帕的照片,他在拍摄的时候,按快门的速度是跟机关枪在比时间,所以哪儿有战争他去哪儿,他拍了很多报道当时美国兵在几个战场上战斗的情况。方大曾也一直是在战争的最前沿,这是他的一个追求,他想成一个名记者。(陈申访谈,2012年7月12日)

联合战线

　　小方在积极从事摄影报道工作时,也偶尔参与艺术摄影创作实践,还抓紧时机举办个人摄影作品展览和参与联合摄影艺术展览会。

　　1937年6月24到30日,在北平东城青年会二楼,举办了"北平第一届摄影联合展览会"。参加这届影展的有南、北方的著名摄影家郎静山、叶浅予、刘旭沧、张印泉、蒋汉澄、魏守忠等二十六人,共展出作品一百七十八幅。而小方也是这一联展的热心参加者,他又把自己"取材大众生活"、"多时代思想,用字多深刻"的新作十五幅,向公众展示,其标题是:《塞北风云》《联合阵线》《早晨的阳光》《地下锻炼》《这也是我们的武装》《淘气》《光明的保卫者》《保卫内蒙古》《在黑暗中》《吃黑面的人扛白面》《任重道远》《齐步前进》《基础工作》《尚在天真期》《粮食的准备》。

　　小方对艺术摄影的探索与追求,不同于那些孤芳自赏的"唯美主义者",他选景造型力求把变革中的社会内容尽可能完美地与艺术形式统一起来。

　　《联合战线》是他的代表作,被选印在《北平第一届摄影联合展览会特刊》的显著位置上,这幅作品取材现实生活,画面简洁鲜明生动,构图用光恰到好处,它告诉人们坚持团结联合行动,组成强有力的同一阵线,才能同舟共济,战胜惊涛骇浪,争取最后胜利。它借景抒情,以形传神,把握住时代的脉搏,表现出了时代的最强音,因而被人们誉为抗战前夕最佳的摄影艺术作品之一。

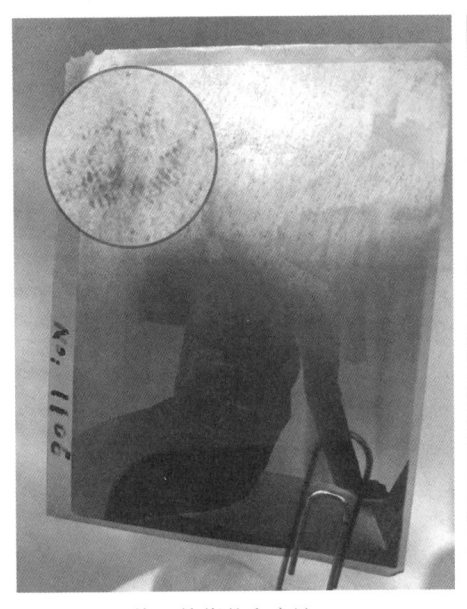
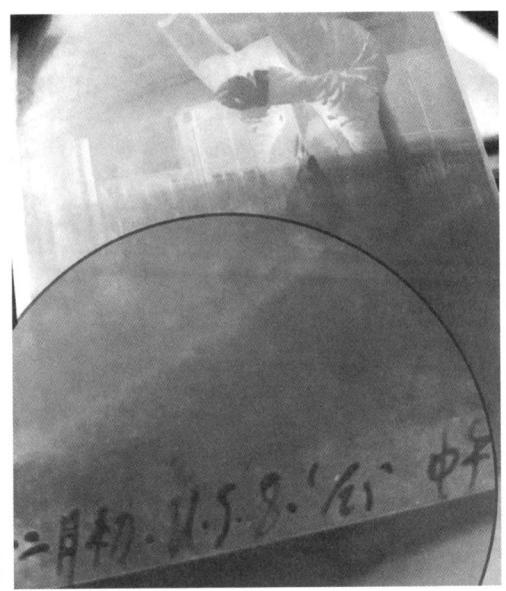

小方留在底片上的指纹和字迹

　　看了方大曾那些照片作品后,我能认识到当时的历史,从前我认为旧中国的人都是东亚病夫,长得奇瘦无比,病病殃殃的,在小方的照片里看,当时的中国军人,挺威武的,看缴获的日本的车的中国人,挺彪悍,挺英武,长得也顺眼。我想不到六十年前中国人就是这么强壮这么精神,比如纤夫、挖煤的这种拍摄感觉,只有像方大曾、罗伯特·卡帕所追求摄影本质的人才拍得出。

　　方大曾用的可能是禄莱,双镜头反光相机,当时这类相机是技术最可靠的,比较简单,他拍的好像都是6×6或6×4.5或更大一点儿,这种相机当时是德国的,本身技术很可靠,不是追求那些奢华的东西,这些相机比较朴素、简单但十分可靠,保证摄影师远离电及自动化的东西,可以去很偏僻的地方去拍摄。

　　他的照片从拍摄手段上讲,都是现场的,看不出他干涉谁,很客观的记录,很简单的镜头。比如,这张照片里能看出运送辎重的车,能想象得出,小方当时穿的衣服也是农民的服装,他不可能穿洋服,也许他的行李就在这里边,车辙压在路上,他的心和他的脚也压在这上面。比如像这个照片,上面高高的乌云,一种孤独,特别能反映当时他的一种

任重道远

光明的保卫者

齐步向前

吃黑面的人扛白面

基础工作

淘气

在中法大学读书时期的小方

心境,这么美好的河山,一个孤零零的士兵,用这种很简单的步枪面对前面的敌人,这是中国一败涂地的时候,中国丢了,小方也丢了。(冯雪松访问唐师曾,2000年3月)

  早在1936年10月,方大曾和许智方联合,两人自行挑选佳作各三四十幅,在天津东马路青年会举行个人摄影艺术联展。小方的作品构思新颖,风格独具,寓意深长,扣人心弦,让天津各界人士饱看那惟妙惟肖的艺术形象。秋尘撰文评论方、许两君的联合个展说:"两君作风不同,许重气韵,富诗意,所构皆如画,方多取材大众生活,热烈情绪,跃然纸上,而技术则无所轩轾,具臻上乘。"方作以《吃黑面的人扛白面》一幅为最动人,凝视影中码头苦力,若闻喘息声。《三一八公墓》,墓碑畔立一青年,昂首对天,有不尽之意。《又是一座长城》,则系群众运动游行之留影,令人生无限感慨。方、许"两君命题,各如其形,亦各如其人"。

  一个好的记者不是单纯照相的人也不是单纯写作的人,他是用全部身心去报道、传播一件事。报道之前,他就有一种客观性、科学的眼光。

这些人都受过比较好的系统的教育。小方是中法大学经济学，本身学的是严肃的一本学科，自己又有很独到的艺术感觉。（冯雪松访问唐师曾，2000年3月）

方大曾有很多人像作品，都是一些没有留下名姓的人，但我们今天能看出这些人的瞬间表情，从神态中能看出摄影者和他们之间隐含着彼此的尊重和交流，比如《淘气》，北方小孩灿烂的笑脸那一张，仿佛照片之外都能够听到孩子们开心的笑声，非常具有感染力。

他用人类超前的眼光，看的是地球的居民、地球的环境。他拍的照片你看不到党派来，只能看到中国人在为自己的生存和一个异族做斗争，摄影家就是那么简单，能呈现出这些就已经足够了。

像方大曾、罗伯特·卡帕这些人，他们把他们的生命变成了照片，可能最后他们都消失了，他们有共同点，就是在拍照时根本就没考虑是否生存。还有一点共性，他们不仅是好的摄影师还是好的写手，我看过罗伯特·卡帕写的诺曼底登陆的文章，在《中国记者》上有一篇翻译的，写得太棒。而方大曾最早写在《世界知识》上的也都是特棒的战地通讯。

（冯雪松访问唐师曾，2000年3月）

通过所掌握的资料发现，小方的兴趣非常广泛，他以摄影的方式，自发地参与关乎民族危亡的抗战，在拍战事变化时，他也拍了风光、民情、风俗，一方面显示了才华，另一方面体现了对社会的关注，也看到国家和民族的前途，引发了一个年轻人的思考，今天看来，他自然、朴素的情感是非常可贵的。我们不难发现，摄影者的态度和喜好，从他的作品中是能够反映出来的。

他不是由于战争一举成名的，没有战争他也注定是一名好记者，他天生就是干这个的材料。他自己受过系统的训练，有这方面的知识和技能，另外他是个天才，在这基础之上，他成为这一领域的天才。

首先是他作品很伟大，但是更让我感动的是他这个人，第一，他干这些事没有任何暴力驱使，第二，他不是为了任何经济利益。他有一种独立的伟大的人格，他家境很好，完全可以不到处去跑，去遭罪，而他脱离这个圈子，脱离他应该过的正常的生活轨道，而去跟普通人生活在一起，所以说，他具有伟大的品质。（冯雪松访问唐师曾，2000年3月）

英国摄影家坎贝尔说，高明的摄影师不是出于一种责任，而是一种迷恋。看小方的作品也有同样的感受，他的拍摄不仅仅是完成任务，而是全部身心的投入，他不是对摄影术的迷恋，而是对于生活的迷恋。

此行二十里，至马连滩，从老远就已望见两旁边的山坡上现出一块块的黑点，这一带地方出产煤炭，因为炭质里含有多量的硫磺，所以烧起来常发出一种强烈的气味，本地人因此名之为臭炭。开采臭炭全用土法，苦力们总是每三人凑成一个集团，到矿山主——亦即是地主那里，缴纳三块钱的税金，就可以由他的矿面上得到一块小小的地盘。他们三人开始工作是先从事掘井，继之以采炭。矿井是垂直的，并且也有一二百尺深，但是并没有机器绞车的设备。下井的苦工，只是凭着在井壁上凿好的梯槽，一蹬一蹬的往下走。井口的直径很小，只能容一个人的身体爬上爬下，所以用这方法作为"地狱"与"光明"间的交通媒介，还勉强可以办得通，不过，在这梯槽上经过的人，万一失足，亦是不堪设想的。

矿工的笑容

煤炭出窑

采煤人肖像

煤矿工人

　　他们三人中，有两个人带着暗淡的油灯下到炭层上去工作，井口上面有一架"辘轳"，正和北方田庄里的水井一样。另一个留在上面的人，就掌管这架"辘轳"，把底下那两个人采下的炭照着汲水一样地从井底用绳索绞上来，他们的工作决无时间的限制，他们有一辆"塞北式"的牛车，几时把这一车装载满了，也就算今天的工作完毕，接着再把这用性命换来的臭炭，运到集宁陶林或其他的村镇去求售。每车臭炭，地主还得以神圣的所有权资格抽收二角钱税金。以集宁的市价而言，每车臭炭只能卖到一元有余，那么这三个矿工的纯收入是可以估计得出了。他们的纯收入，除了自己的用度之外，还得供养一个牛的生活，这车炭运到市上去卖，是否能立即遇到买主，也完全没有把握，因之吃过了早饭，是不敢想到晚饭在哪里的。

井底下的情形，因为时间关系，未能亲自下去看看，但是我在从前的旅行中，下过好多次煤矿，那些矿还都是有机器化的设备，工人的工作情形已是我们所想像不到的那样苦了。自然，这种土窑里的环境当时更加困难与危险。

作这种"采矿事业"的人，有一部分是亡命者，有一部分是除此以外，再也找不到另外的生路之人。这个世界简直不允许他们生存在光明中；我想，他们总会得到解放的吧。我这样企望着，我确信这不是幻想：因为有千百万的人，正为着人类的光明在工作，在努力，在斗争！奴隶们也要享受"人类的生活"了！（小方《从集宁到陶林》）

方大曾一路旅行一路拍照，他把所看到的记录下来，把所思所想写在通讯中。他的工作方式，不是走马观花拍完就结束，而是身心投入，了解下去深入进去，如果对访问对象没有深切的同情，如果对生活没有深切的迷恋，是不能够做到这一点的，如果不能把生命交付给事业，也是做不到此种程度的。

1938年初，方大曾的匈牙利同行罗伯特·卡帕从西班牙"转场"来到了中国，这一时期的工作成果同样成为卡帕影像的重要组成部分。某种程度上，作为杰出战地摄影家的卡帕，其对摄影史的贡献并不只在那些已成为珍贵文献的摄影作品上，更在于他的工作态度和人生观，"爱人民并让他们知晓"和"如果你拍得不够好，因为你靠得还不够近"是他最著名的语录。方大曾也许没有卡帕这样的表达能力，但有丝毫不逊于他的摄影家的素质。因此，将二人联系在一起并不是无端和武断的。差别当然是有的，卡帕有标准的好莱坞式的浪漫经历，而方大曾甚至连一次像样的恋爱都没有，卡帕运气挺"好"，

1954年在越南触雷身亡,"逝于荣誉的顶点"(布勒松),而方大曾20世纪30年代末在平汉前线消失得无影无踪。然而,无论是卡帕还是大他一岁的方大曾,都必须在一张好照片和生命之间做出选择,归宿是自己押赌的结果。

罗伯特·卡帕短暂的中国之行,这一时期的工作成果同样成为他影像的重要组成部分,市井生活、逃亡的人、行进中的士兵等等,选材的风格、内容和角度,几乎和小方同出一辙,如果把他们的底片混在一起,若不是本人确认,恐怕他人是难以分辨的。或许,我们猜测,他在翻阅中国的报刊时曾经见过方大曾的作品,他们的缘分只能透过托付着彼此命运的黑白照片来传递。

小方失踪十七年后,1954年5月25日,在越南战场,罗伯特·卡帕刚刚结束对一次战斗的拍摄,背着相机的他说要到附近走一走,看有什么可拍的没有,突然,卡帕走去的方向传来了爆炸声。

欧内斯特·海明威说:"卡帕是个很好的朋友,也是一个伟大而勇敢的摄影家。命运如此捉弄他,是我们每个人的不幸。想到他死的这一天,又长又难过。"

卡帕在踩响地雷的一瞬间,还本能地按动了快门,留下了他眼中最后的世界———片虚幻中带着丰收颜色的麦田。

这种摄影师是从来没拿自己的性命当回事的,他没有金钱,没有大的社会背景,他唯一的赌注就是自己的生命。卡帕说,战地记者的生命就像赌马一样在自己的手中,你可以压在这匹马上,也可以压在那匹马上,还可以在最后一刹那收回来。方大曾、罗伯特·卡帕,最后一刻也不会把他们的赌注拿回来。卡帕在他荣誉的最高点死去,所以说他是幸福的,

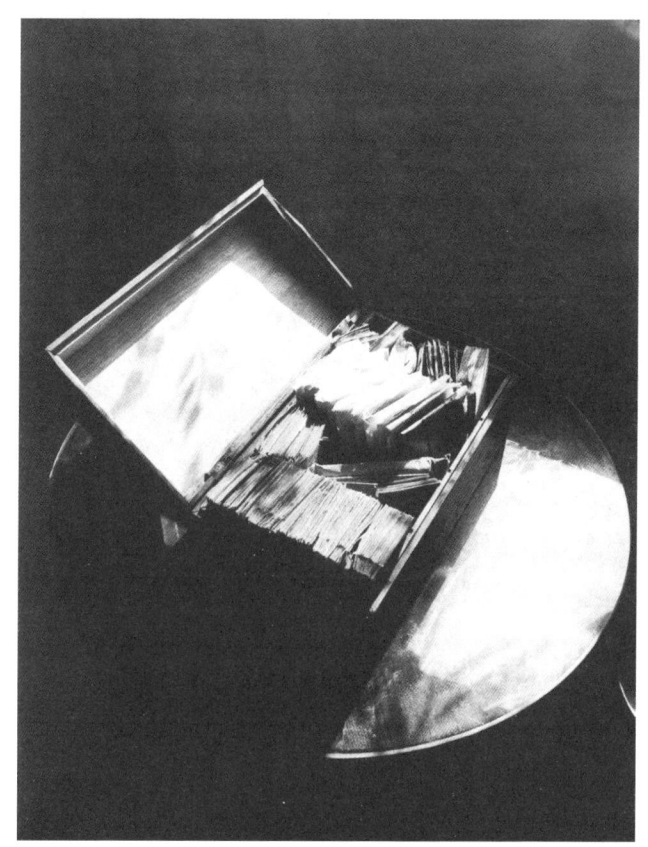

小方留下的底片和木盒（阮义忠摄）

方大曾最后失踪了，他没有消失在那么一个决定性的瞬间，所以没有卡帕壮烈，不具备耀眼性，但是他们的工作的价值是同样有意义的。（冯雪松访问唐师曾，2000年3月）

范长江在《忆小方》中描述，平津陷落之后，他回到了上海，后来接到了小方从北方来信说，"我的家在北平陷落了。我还有许多摄影材料和工具不能带出来……"信中文中所提的摄影材料和工具，是指小方计划为日后去四川拍摄饥荒准备的四十个胶卷，暗房冲洗设备和装有他近千张底片的木盒。

方大曾在失踪前的两年时间里，拍摄了大量的作品，过多的野外工作使他没有时间待在暗房里，于是暗房的工作就落到了妹妹方澄敏的手上。正是因为方澄敏介入了方大曾的工作，于是在方大曾消失之后，他的大量作品才

方澄敏退休后整理的小方作品目录

完好无损地保存了下来。方澄敏如同珍藏着对哥哥的记忆一样，珍藏着方大曾失踪前留下的全部底片。

  方澄敏对于方大曾的怀念，不仅仅是她个人的，事实上，是今天这个时代对过去那个时代的怀念，无非是通过它来表达。我们今天看到方大曾的作品以后，怎么会感到那么的亲切，除了有些画面里面的景物不一样了，但是你发现人们的表情居然没有变，无论是经历饥荒，还是在战争中的表情，没什么变化，都是我们所熟悉的。因为这些留下来的，融入生命的照片，我感觉方大曾并没有消失，无非是用另外一种方式，或者说，是以今天的方式依然存在着。（冯雪松访问余华，2000年3月）

  方澄敏曾在银行工作，退休以后，她的主要精力全部投入在整理方大曾的照片和文章上，为此她四处奔走，查阅资料，编写目录，访问知情人。哥哥留下的近千张黑白底片，成了她的全部精神寄托，据儿子查松年先生回忆，母亲经常让他帮着冲扩舅舅拍的照片，她把情感寄予这些底片，似乎希望用它们去探知哥哥的气息。她始终期待着小方作品能够重新问世，让人们看到曾经存在过的年代和已经消失了的瞬间，为了纪念也为了寻找。

五 一个人的绥远之行

绥远抗战的炮声打响后,小方带着他的武器,一枝秃笔,和一个照相机,到战地采访,所写通讯一篇接一篇地在《世界知识》等杂志上发表,有:《宛平之行》《绥远的军事地理》《绥东前线视察记》《兴和之行》《从集宁到陶林》等等。

——方澄敏《以身许国的新闻战士》

在颐和园玉兰树下的小方

北京的玉兰花开了,又是一年。从我接触方大曾至今,已是第十八个春天。关于这个人,所有讯息依然停留在1937年,也就是他与世界失去联系的那一时刻。好在寻找的脚步未曾止息,随着时间的推移,我零零星星地又知道,在当年拍摄寻找视线之外,仍有他离家后采写的《保定以南》《保定以北》等通讯以及他的自拍像和旧杂志被陆续地发现,使小方的形象进一步丰满和清晰,这个热爱生活、充满正义感的年轻人,在一个人面对困难和战争的时候,始终选择勇敢和坚强,他以内心的纯粹,意念的执着,将不为人知的真相呈现出来。透过他留下的照片和文字,仿佛看到那个年轻的身影还在不知疲倦地行走、拍照和写作,在冀东、在绥远、在卢沟桥。

小方留下的个人照片中,有一张是他学生时代在颐和园拍的,玉兰花下,他手拎德国造福伦达相机,目视前方,表情肃然,从目光中看得出,他睿智、稳重、坚定,成熟程度超过了他的实际年龄。

"九·一八"事变后的第二年，也就是一九三二年，我由天津到了北平。不记得是谁把我介绍加入了"反帝大同盟"，而且不久，我就参与了"少年先锋队"的机关刊物《少年先锋》的编辑工作。《少年先锋》是个周刊，十六本开，一期只有4到6页。就在这项工作中，我结识了一个英俊的青年——方德曾，笔名"小方"。他当时在中法大学读书，人品纯正，热情，精力充沛。在我的印象里，他好像总是在走路，奔忙，不知疲倦。刊物，只有我们俩人搞，从编稿、写稿到印刷、校对，一直到发行，都由我们俩包办。印刷这个小刊物的印刷厂都是东城灯市口东口北把角的一家门面不大的所在。每次跑进去，先要东张西望地看看前后左右有没有盯梢的。刊物出版时，我们便分头送往"有关方面"及东安市场小书摊里发售。后来，我们俩都因工作需要调开了，刊物出了不多期数，也就停刊了。

这之后，我参加了《华北青年》的编辑发行工作。后又转入左联，同端木蕻良、臧云远等一起编辑北平左联的机关刊物《科学新闻》。这已是一九三三年八月以前的事了。在这个期间，我和小方已无直接工作关系，但还保持着"横"的朋友关系。

就在这一年的八月四日，我因代表《科学新闻》参加北平各社团欢迎巴比赛反战调查团北上的筹备会，被叛徒出卖而被捕。那时，我借住在北平大学法学院我一个堂叔叔的宿舍里，很少人知道我这住处。可是，当我被捕后的第二天，报纸上公布出十九个被捕人名单时，小方一见报便惊住了；不知他向哪里打听出我的住处，他马上就跑去把我所有可资"罪证"的东西——书籍、文件、传单，等等，一古脑儿"席卷"

而去。这样，他走在警宪之前先行打扫了"战场"，致使警特们事后到我住处去搜查，则扑了个空，一无所获。

小方所办的这件无名英雄的事，一直使我铭记在心，深深受其无畏的精神所感动！这不是一件简单的小事。在那些白色恐怖的日子里，警特如麻，到处是贼样的眼睛，能够冒着自己杀头的危险，去抢出一个"犯罪"的战友的"违禁品"，那该是多么难能可贵的呀！（方殷《破涕而笑》，1979年3月18日）

正义的抒发不是偶然的，早在北平一中读书时，方大曾因为帮助同学李续刚拍摄反帝标语而被捕，在警察局监禁半日。他对人从没提起过此事，直到解放后，身为北京市政府副秘书长的李续刚来方家做客时，才将此事说出，也因此，李续刚与小方家人的往来，持续了三十多年，直到他在"文革"中不幸离世。

在接受陈申先生访问时方澄敏谈到，哥哥很少给家人拍照，他很好的朋友也不求他，怕碰钉子。他总是给胡同口那些不相干的车夫拍照，那些人对他也很好，出来进去总是打招呼，但是他从不坐洋车。朋辈们对小方的共同评价是，"为人诚恳、热情，无私无畏，乐于助人"。著名作家巴金写过这样一句话："生命的意义在于付出，在于给与；不在于接受，不在于获取。"方澄敏说："小方的发出的光亮虽然短暂，但他做到了巴金先生所说的这一点。"

方大曾何时开始使用"小方"这个笔名的，已经无从可考，从他发表的通讯和照片来看，1935年到1937年，使用最为频繁。那一时期，他的照片经常刊载于上海的《生活周刊》《良友画报》《现代画报》《中国呼声》（英文）周刊，美国的《生活》（*Life*）、英国的《伦敦新闻画报》（*Illustrated London*

上坡

河边的小贩

News)、法国的《新观察》（*Nouveau Obser Vateur*）等。署名小方的珍贵照片，今天业已成为人们了解抗战初期社会现实的重要影像。

摄影史家吴群谈到小方时说："他把镜头对准中国的劳苦大众，位于激流中和地底下的船工矿工，对他们的实际生活境况，表示极大的关怀与同情。"（《山西摄影》1986年第2期第3页）

码头工人

背煤的童工

图文报道《敌人觊觎下的绥远》

陆诒和方大曾相识于 1937 年 7 月 28 日，当时不少新闻记者正准备从保定去长辛店前线采访，范长江特意赶到火车站去送行，并给大家郑重介绍小方，当时他已任上海《大公报》特约记者，"年少、英俊，头上戴一顶白色的帆布帽，身穿白上衣和黄短裤，足蹬跑鞋，挎一架照相机，显得精力充沛，朝气蓬勃"，几十年后，陆诒依然记得小方给他的最初印象。

> 1937 年"七·七"抗战，我到卢沟桥前线采访，认识了一位英勇、活跃的青年记者，中外新闻摄影社记者小方。我对他心仪久矣，早在抗战前夕，他到过归绥（今呼和浩特市）、集宁、大同、张家口等地采访，在邹韬奋主编的香港《生活日报》、上海《生活星期刊》以及《申报周刊》上经常发表通讯和照片，忠实地报道抗日救亡动态，深受读者欢迎。（陆诒《怀念小方》）

1936 年 11 月，在绥远，傅作义率领的晋绥军和日本关东军配合下的李守信、蒙古德穆楚克栋鲁普亲王即德王及旗下的大汉义军以及蒙古军发生激战，

发表在上海《生活星期刊》的《从大同到绥远》

这场战争是抗日战争初期,中日双方的一次重要冲突,其中有红格尔图战役、百灵庙战役和锡拉木楞庙战役三个主要战役,战争最后以晋绥军大获全胜而告终。

得知绥远抗战的消息,小方即到前线采访,这次长达四十三天的行程,使他全面报道了著名的"绥远抗战"。这是小方第二次到绥远,距上一次仅半年的时间,如果不是突发战争,估计他不会频密到此。上次的摄影报道《敌人觊觎下的绥远》刊登在1936年8月30日出版的《生活星期刊》第一卷第13号上,此外,还发表了长篇通讯《从大同到绥远》。这一次,他的工作热情更加高涨,拍摄照片数百张,成果颇丰,并深入前线,写出了《绥远军事地理》《绥东前线视察记》等一些有影响的战地通讯,绥战采访也是目前已知小方外出时间最长的一次,留下的照片和文字,成为今天的人们了解小方和他一个人的战地之旅的最好信息。

集宁是小方绥远之行的第一站

十二月四日晚,自北平起程,平绥道上的火车在冽风中挣扎了一个整夜,经过张家口大同等处,记者均从睡梦中惊醒,听到车窗外面咆哮的大风,就觉到冷栗,而体会到战壕中守卫国土的将士之身境。啊,冷!冻得死人的冷!

五日晨,到集宁县,这是绥东的军事重镇,记者即在此下车。

集宁县车站,从前叫平地泉,因为在县城的东南三十里路,有个地方名为平地泉,当年平绥路测定路线时,本预备在那里设站的,虽然后来又改在集宁县设站,但是站名就仍依原来的规定,直到今年七月一号,才正式改为名符其实的集宁县车站。

县城是以土墙围成的,火车站即在城内的中央,火车从南门开入再由西门穿出,把整个的内城区域横分为两部分,西半块地方名为桥西,东半块名为桥东。到绥东前线去的路,无论是去红格尔图或兴和县,均须经桥东出东门,因之在东门外,满布了一片伟大的防御工事。

记者在一个饭馆里午餐,遇着许多军人,他们是昨夜才开到的,因

守卫城门

为这里已有的店家、栈房都早被军队占满了,所以这后来的只得到各饭馆里暂为借宿。他们大都操着南方口音,是第四师的弟兄,由陕北徒步抵此,曾费了一个多月的光阴,饱尝了塞北的风霜。

他们问记者从前线距这里还有多远,当他们听到说只有一百八十里时,不由得大家都互相的看了一看,继之在每个人的面上都发出一种微笑的表情。

"只有一百多里路啦,我日他妈的!"其中的一位这样不可抑制高兴着说。他们一个多月来辛苦的长途跋涉,好像这才得到一点真正的安慰,他们即刻就要和晋绥军联合起来,防守国土,收回察北,打到热河,把敌人从我们的东三省里驱逐出去。

他们又问记者道:"敌人是日本兵呢还是伪匪军?"

"现在还都是伪匪作先锋,不过日本军也就快亲自出马了。"

这些忠勇的弟兄,听到记者的回答时,首先表示着有点失望的样子,但过一会儿就又都微笑起来了。

前沿阵地

防御外壕

记者自饭馆出来，即分别到各方接洽，得晤骑兵一师军法处彭启予处长，商议赴前方视察之事。该师防地之最前方在红格尔图，距集宁一百八十里，交通不很方便，如果去前方，只得一站一站的逐段前进，恰巧赶上该师王参谋长仁广君预备在下午五点半乘军用运输车到距集宁六十里路的大六号阵地去，这是一个很好的机会，记者遂与同行，抱着得前进一步就前进一步的策略到火线上去！（小方《绥东前线视察记·从北平到集宁》）

方大曾要从集宁到红格尔图去，需经过黄家村、大六号、高家地、十二苏木等村庄，行程四百七十里路。他从集宁起程时，已经是黄昏时分，走到东门外八里路的霸王桥，天即漆黑。在路途上，小方遇到第四师与三十五军换防的夜行队伍，看见此景，他欣喜道"令人感触着一种战场上的伟大景象"。

第二天上午，小方乘运输车向前走了一站，正是骑兵一师换防后的大六号地带，由第四师接防，部队忙于布置新驻地，他因急着赶赴前线，于是告辞，自己单独徒步北行，因为从此到北面的高家地只有四十里路，他想不妨多赶一程，晚间即宿该地。

沿途经过一个小村庄，有四〇一团的步兵驻守着，弟兄们正在附近

火线上的少年

擦枪备战

随时准备着

行军换防

绥远前方

挖战壕

绥远前线的指挥者

作工事。记者趋前说明来意,并给他们摄影,大家都欢喜极了。

塞北荒原上的路程,比起内地来总要较长一些,这四十里的路程,直走了五个多钟头才到。又因为逆着强烈的北风,所以更感觉特别的吃力,当黄昏时候到达高家地已是疲倦极了。

高家地距红格尔图六十里,商都则在高家地与红格尔图之东,距离两处也都是六十里,所以这三个地方恰成一个等边三角形,因之高家地与红格尔图在绥东前线上,都处在同一重要的地位。这两个军事重地,合共只有四百多名骑兵驻守着,属骑一师的第二团,团长为张培勋。(小方《绥东前线视察记·到红格尔图去》)

张团长住在一个狭小的土房子里,在占满了全屋四分之三的土炕上,正中摆着一个炕桌,他独自睡在一边,另一边则让给记者。他的头旁,还放着一架军用电话机,他随时随刻的都留心着每一次的铃声,好像这东西是他唯一的伴侣一样。

他为款待记者的晚餐起见,特叫侍从买来一块豆腐加入他经常的美食——盐水煮土豆中。在我们盘腿对坐在炕桌旁吃饭的时候,他拿起这足有四两重的大馒头对记者说"这两天才有白面吃,从前都吃的是油面和黑面。"记者询以兵士们是否也吃这个,他说是的,不过兵士们实际并不愿意吃白面,这并非是白面不好吃,而是因为它的价钱较贵,因为他们都是吃自己的伙食。本来晋绥军的规矩,在作战时应该由官家供给伙食,但现在并不是这样。

入夜,张团长拿了手电筒出去查勤,经一小时方返,归来后对记者说:"他们[应为:我们]这团人,自八月四日开到高红两镇以来,日间作工事,夜间睡在火线上,四个月来如一日,其间还经过两次主力战,从前天气温暖时,在火线上睡还不觉如何难耐,但现在实是有些辛苦了。因为商都距离这两处很近,敌人如在黄昏时自商都起程,即使是最慢的步队,至迟午夜亦可到达,这正是夺营的最好时候,所以我们的弟兄,不得不每夜都睡在火线上,以便应付紧急的事变,弟兄们的这种苦况,也只有团长以下的军官才能知道!"

我们谈了许多关于抗敌的问题,他深信晋绥的高级将领们是有决心守土卫国的。他说日本如果想要得晋绥可真不容易,他劝记者将来有机会能到山西去作一次旅行,去瞻仰一下那里的伟大的工事。

……

睡到三更时分,记者从梦中冻醒时,看见这位英勇果断的团长,正

小方在绥远采访途中

把着耳机在和红格尔图方面谈话,原来他夜间总是枕着耳机睡觉的。(小方《绥东前线视察记·与张培勋团长的会晤》)

第二天早晨,张培勋团长带着小方参观了阵地,他指着这四周荒远的草原说:"中国的土地真大啊,你看这片大地,汽车可以畅行无阻,没有任何的天险可守,也没有一棵树木,在这地方作战,真是不易!"

从这里到红格尔图的六十里荒原地带,一向是土匪出没无常,不是绝对的平静,张团长劝方大曾不要再前进,小方告之"此来必须达到目的",于是他派了三十位骑兵,并借给小方一匹好马,护送这一段路程。"下午,离高家地向北进发,一行三十一个骑士,在广阔的原野上驰驱,记者享受这种蒙古风味,还是平生第一遭。"

战后惨象

从集宁起,经过了两日夜的兼程并进,总算在十二月六日达到目的了。

护送的排长,带领记者拜访团副张著中校,他是一位沉着的军官,我们也畅谈了很久,蒙他代为介绍一家商店的后柜作记者的宿地。

次晨,张团副引导记者参观红格尔图的里里外外。这个村镇比高家地大得多,街里的商店也有十几家,不过如今都因军事关系停业了,只剩下一家小杂货铺并且兼为邮政代办所的,还在半开着市面,好像度阴历年节一样,显着分外的寂静与荒凉。在每处墙壁上,都有枪弹打中的弹眼,有的密如烧饼上的芝麻。此外,还可看见不少的标语,如"东三省是我们的","欢迎新闻记者"等。(小方《绥东前线视察记·红格尔图的情形》)

12月14日,方大曾将他在绥远前线的采访内容,写成了长篇通讯《绥东前线视察记》,文章中有亲历,有观察,有评述,朴素简单,实话实说,体现出了一名优秀记者的职业素养。在文章的结尾处,小方的笔调是悲悯的,也是愤怒的,"现在死于东山坡上的匪尸,大半已被野狗吃食,只留着几幅[副]可怕的头连着那架光杆的骨骸。有些完整的尸体,穷困的老百姓们,还正在剥他们身上的军衣,等衣服剥光了之后,就立刻跑来几支[只]狗,它们又发现了新的美餐。战争是这样的残酷,然而疯狂的侵略者,则拼命的在制造战争"。

我自红格尔图返集宁后,留数日即赴兴和,以便把绥东的两处军事重地,作一个系统的考察。

十二月十七日上午,借着骑兵七师师长门炳岳中将回隆盛庄防地之便,笔者乃随往,同行者尚有中央社王华灼君及大公报长江君。我们一齐上了大汽车,于十时左右离开集宁。(小方《兴和之行》)

旅途之中,方大曾见到了同样来绥远采访的范长江等人,虽初次见面,却因彼此相知而少了许多客套,范长江在后来的文章中提到过这次见面。

出集宁县城,往南行三十五里,至老平地泉,七十里至苏木海子,这是一片周围一百里长的小内海,现在已经结成了坚固的冰。海子的沿岸长满着牧草,矗立在南面背上的,是一带起伏的雪山,此外,更衬上那些成百的牧群,这幅塞北风光的画景,使我们这些"到前线去"的人感到无限的怅意。穷困的牧民,生活在这荒原的一角,又哪知世界是这样的纷乱,又哪预料到自己的跟前会摆着"邻人"的侵略?

十八日晨,吃过了早饭,即乘车出发,往东北行,经过了几道难行的土沟,汽车一上一下的确乎很费劲。这里的地势,也有点奇特,深厚的黄土层,常常是陷裂开一道道的长沟,深度宽度都有三四丈左右,好像是天然造成了的大外壕。昨天我们到隆盛庄是由苏木海子的西岸经过,今天则沿着它的东南边走,一路上的村落比较去红格尔图的那条路上,要密得多了,尤其令人感到兴趣的,是可以见到不少的树木,我在绥东

战后的片刻宁静

前线上已经跑了半个月,树木是很难得见到的。

　　从晓日中出发,行二小时到距离隆盛庄四十里之三水岭。这段路虽说只有四十里,然而走来足有六十里之远。我们在这里下车,进入驻军团部里稍息,并与各下级官长会晤。又听到兴和方面的消息,有伪匪军两团自南壕堑向我们这方向移动,并且另有代表在兴和与县长及驻军接洽投诚的事情,大家感觉非常的兴奋。

　　十一时,我们继续西行,阳光在旷野中发挥着它的美丽,把雪地映照得分外的耀目,经过了每一个村庄时,老少的村民都跑出来看。沿路上也不时的经过一些残破无人的村落,这多半是那些农牧人民建造的,当他选择了一个地点经营简单的农业与放牧时,就建起几座临时的房屋,而集合成一个小小的村落,可是一旦遇着灾害或其他的意外,即又移住他处,原有的村落房舍也就放弃在荒野间了,所以在参谋本部所制的绥

小方在集宁

东地图中，往往发现许多村名，但实际上并找不到这些地方，即或有之，也是一点残破的遗迹而已。（小方《兴和之行》）

因为交通便利，集宁是小方这次绥远之行的大本营。他在兴和采访时，曾受到县长孟文仲和驻军团长高朝栋的热情欢迎，"我们一路步行到城中心的县政府，在街头看到各色各样的标语，除了一般鼓励民众参加抗战的词句之外，最引起我注意的是有一条写着'反对日军在青岛的暴行！'像我们这些从'内地'来的人，已经好久未看到这样'大胆''越轨'的文字了。我当时不由得把这句标语痛快的读了一声。孟县长好像是懂得我的意思了，他接着对我说'我们这里，抗日是公开的。'言下颇有洋洋得意之慨"。

在兴和，小方了解了晋绥军的战况和布防，又站在县城的东山坡上详细观察了周边的地形，并感慨"大好河山之格外的壮丽"。

范长江（左四）、孟秋江（左五）等人在兴和

我们并未在兴和久留，当晚又赶回隆盛庄。在晚饭的时候，大家谈起个人的经历，谈起近年来中国军队的进步，我说："从前都说好人不当兵这句话实在应该打倒！"席间一位团长接着说："是的，而且现在当兵的还非是好人不行。"这句下文，实在说得非常中肯，我们希望将来能够如此。（小方《兴和之行》）

返回集宁后，按照小方的计划是应该回北平的，因为新年之初，一则事情较少，一则检查所带来的照相材料中仍有不少未照的片子，他改变了行程，决定借此机会到绥北去一趟，并设想越过集宁与陶林间的大青山，经百灵庙等处，横穿一处所谓的"后草地"地带，这段路自绥远战争平定后，还没有记者走过，于是，就有了从集宁到陶林的旅行。现在看来，这段计划之外的旅程，无疑给方大曾抗战爆发前的通讯报道添加了浓重的一笔，在暂时的平静中，他对民生投以极大关注，沿路上采访煤矿、访问牧人、拍摄喇嘛庙和天主堂、拜望友人，行程满满的，此段采访给我们留下了珍贵的图像，同样也留下了生动的文字。

诵经

  我的马以缓慢的速度前行，正面的视线上横着一道高峻的山岭，山腰上出现了一座美丽的喇嘛寺院，我预计着今晚的宿地是大土城子，那地方当离这庙不远的，明天一定要去参观一下。

  下午四时，在冬日的夕阳里，穿过一片小小的树林，进了大土城子的围墙，在这里，找到了那位牧畜场的主任、四川朋友王著常君。

  ……

  主任王著常君是燕京大学毕业的。这个朋友有趣得很，他好像是得了"牧畜热"一样，不知为什么对牧畜事业感到这样的热诚。他对我大讲其致力牧畜的经过与心得，又搬出好多书籍给我看，我虽然对牧畜是个门外汉，但也居然听得津津有味。（小方《从集宁到陶林·到了大土城子》）

  第二天早晨，我去参观他的羊。这种羊的确不愧为毛羊，全身长着足有二寸厚的毛，又紧又细，除去两个毛角之外，无处无毛，几乎连两

两个小喇嘛

佛像石刻

山脚下的喇嘛寺院

个眼睛都被毛所掩住了。这种毛羊每年可剪八斤至十七斤的毛,因为毛质的优良,在上海的市价卖到每斤两元以上。再反观本地羊每羊只能剪毛一斤半至二斤之谱,并且质地甚粗,在绥远的市价每斤只值三角左右。这中间的差别,实在值得我们注意的。

十二月与一月之间,正是羔羊的生产期,刚出世的羔羊,须要生存在华氏表六十度左右的暖房里,我也到暖房里去参观那些美丽的羔羊,它们是真可爱,真温存啊!(小方《从集宁到陶林·牧畜事业在绥远》)

我们回到屋里吃饭的时候,听到街上羊群走过的声音。著常兄说:各家的羊,每天出去放牧,都交给一个专门放羊的"羊倌",(人们称牧羊人为"羊倌")"羊倌"把各家零星的羊凑成一群,赶到草地去,日出而去,日暮而归。无论是那一家,只要把自己的羊交给"羊倌"去放,每头羊要给一块钱的代价,"羊倌"对羊的安全问题负绝对的责任,如有损失包管赔偿。这种简单的经营方法,含着合作、保险与一种原始的企业之雏形。(小方《从集宁到陶林·牧畜事业在绥远》)

大土城子的牧羊人

今天——一月七日,我还是借宿于此。

天色朦胧的时候,教堂里的钟声响着,全村的教民,都赶到堂里去作"弥撒"——礼拜,使我想像到在革命前的俄罗斯的农村里,也许就有这同样的味儿吧?但不知究竟在什么时候我们才能追上如他们现在的情形。

教堂的正门外,横着一带宽阔的冰河,在它的西南端,有一处泉口,从泉里出来的水,经过堂前往东流去,一直流到马连滩,那方面有个小小的海子把这水存留起来。村民们在冰上凿个洞口,一来一往,不断的到那里去汲水,这带的风景很美丽,似乎专为旅行者的欣赏而设备的。

摄影工作完了,又承卢正民司铎请吃了早饭,今晚预备赶到距离此地八十里的陶林县,所以未敢久留,在十点钟的时候,我和卫兵又走上这可怕的征途了。(小方《从集宁到陶林·喇嘛庙和天主堂》)

我在街头和民众们闲谈,他们都以为我是军人,很关心的向我打听黄马队和黑马队的行踪,因为他们已经听说黑马队要调往黑山子去,而黄马队前两天又从这里开往卓资山了,这好像是他们对自己的朋友离别

小镇上的教堂

时一样,觉得有点离舍的心情。

一月十日(这是我来到陶林之第三日)的早晨,我又要向更远的荒原去了。从集宁护送我来的卫兵,因为他不能再抵抗这里的寒风,所以由王赞臣司令另派了一个兵,骑着我那匹马,把他送回集宁去,我则由孙师长另借给一匹快马,并派了一位骑士护送,此外,赵县长还派了一位领路人同行……

气候是越发冷了,赵县长忠告我再多住两天,说把这几天最冷的日子度过,等到大风稍微停一停,就可以暖和一点。像今天这天气,绝不可行远路的。然而我认为无论什么难事,只要有勇气闯过去,也都很容易解决。在大土城子时,听说灰腾梁是如何的难行,但是也平常的越过来了,"凡事不到当头不知难",然而不到当头也不会发现他的容易,这是双关的问题。

别了,陶林!我要由这里再往西北进发。(小方《从集宁到陶林·陶林见闻》)

告别陶林的朋友

通讯《从集宁到陶林》是方大曾回到北平后补写的，时间是1937年1月17日。此行，小方除了拍摄了大量照片外，还对绥远战争后的社会景象、人文景观、民众生活有了更为直接和深刻的了解。可以说，绥远之行是小方新闻生涯承前启后的重要节点，多年的积累，在这一次战地访问中展现得淋漓尽致。他的照片成熟，文字松弛，通过他对旅程的描写，我们能看出小方在采访中释放出的亲和力，他善于沟通，尊重被采访对象，乐于助人，也受人喜爱。同时，这次长时间的采访，也使他的各方面的素质得到了锻炼，为应对更为危险、更为复杂的工作，做了很好的检验和准备。

绥远之行的照片和文字是小方作品的精彩部分，四百多张的数量几乎占到他存世作品的一半。他把深情和厚意融入笔端的同时，一个直抒胸臆、关注民生、爱憎分明的小方也活脱脱地展现在我们面前。正直、热情、敏锐、

小方发表在《美术生活》杂志的图片报道《绥东前线》

小方发表在《美术生活》杂志的图片报道《集宁防空演习》

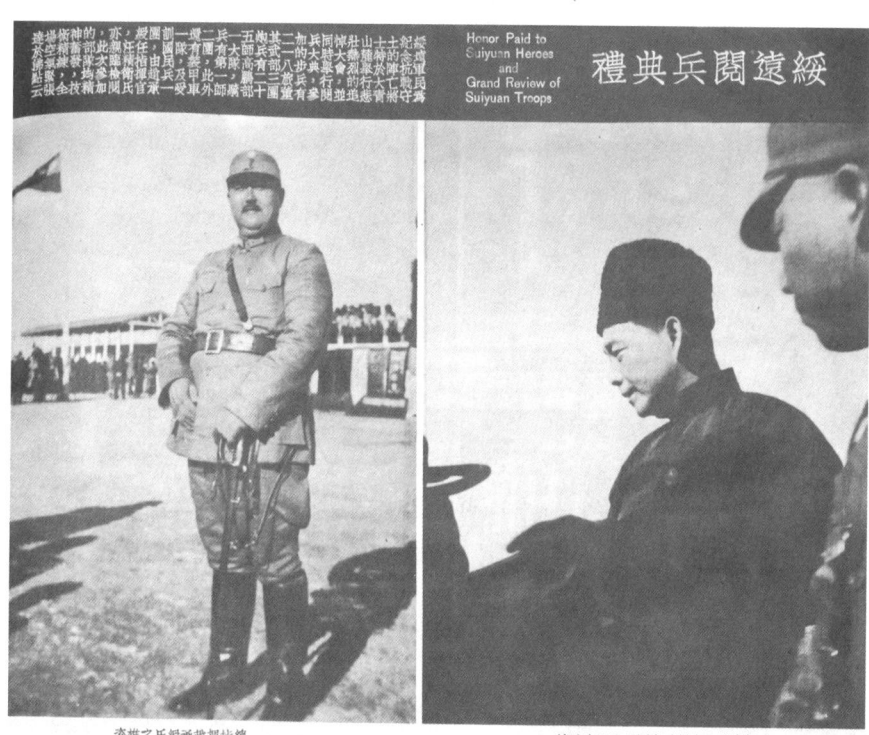

小方发表在《美术生活》杂志的图片报道《绥远阅兵典礼》

活跃,在纪录片《寻找方大曾》拍摄过程中,这些词语始终围绕着我们。这个既熟悉又陌生的年轻人,一次次通过叙述和影像,让阅读者感受着他忘却自我、热情投入、东奔西走一路旅行时内心的温度。

六 改变命运的战事

  我和小方相识,是在抗战初的1937年7月28日,我们从保定去长辛店前线采访。范长江特赴车站送别,并为我们作郑重介绍。当时小方已任上海《大公报》特约记者,年少、英俊,头上戴一顶白色的帆布帽,身穿白衬衫和黄短裤,足蹬跑鞋,挎一架照相机,显得精力充沛,朝气蓬勃。

——陆诒《怀念小方》

1937年4月,西班牙小镇格尔尼卡遭到了德军的轰炸。奥朗迪亚神父作证,飞机在低空盘旋,用机枪和炸弹射击房屋、森林、道路,沟渠里挤满了老人、妇女和小孩。恐怖的男人跪在地上,向天空举起双手,一千六百五十四人惨遭屠杀。

命运给毕加索提供了这个伟大的主题,在巴黎奥古斯坦路七号的工作室里,他创作了著名的作品《格尔尼卡》。在这幅世纪末景象的图画里,一切都是畸形的,毕加索在悲怆的控诉下,以文明与人道的名义来反对战争与暴行。

1937年7月,在巴黎万国博览会的西班牙馆展出了《格尔尼卡》,这幅残暴而凄凉的寓意画,为毕加索赢得了世界声誉,也让人们内心永远留存了对于战争的恐惧。

与此同时,日本根据"九一八"以来的经验,认为中国根本不具备抵抗的决心和能力,只要战事一开,一个月之内中国就会屈服。根据中国政府获得的情报,除关东军以外,日本陆续开往华北的增援部队已达十万人。

1937年7月7日,被历史学家们界定为中国抗日战争全面爆发的起点。从这一天起,日本军国主义撕下了伪善的面孔,从北京西边的卢沟桥挑起争端,给这个世界上人口最多的国家,带来了长达八年的灾难和无法弥补的创伤。

当时,正在北平家中休假的方大曾得知日军进攻的消息后,便决定前往卢沟桥,如果没有这场战争,他的命运很可能是另外一个样子。

7月9日晚,小方整理了相机和胶卷,第二天一早,他带着简单的行李,与母亲和妹妹匆匆地告别。当时的北平已处在一片恐慌当中,许多郊外的老百姓为了躲避炮火,源源不断地涌向城里,谁也不知道将来会发生什么,自己会遭受什么样的厄运,但是不祥的预感还是困扰着每一个人,从前方传来

小方在《国民周刊》（1937年第1卷第5期）发表的《国内时事动态》

小方和母亲方朱理（右）、妹妹方澄敏（中）存世的唯一合影

的信息得知，战争似乎已经离这座古老的城市越来越近了。

后来，方大曾在战地笔记里写道："十日清晨，战争既停，记者骑自行车前往芦沟桥（卢沟桥亦称芦沟桥，小方报道中均使用"芦沟桥"，下同）视察。由广安门通芦沟桥的大道，已于去年此时修成了很好的汽车路。路的两旁尽是农田。时已仲夏，田野亦显得特别美丽，经小井村、大井村，市集都相当热闹，战事似乎已完全成为过去了。在丰台岔道口，我被几名日军截住，我身边的相机引起了他们的注意，他们怀疑我是中国军队的高等侦探，理由是新闻记者没有勇气到日军方面来；我递上一张名片，加之态度自若，这个

卢沟桥事变后方大曾拍摄的首批照片之一

猜疑也就消除了。一小时后,我被放行,穿过涵洞,再行了一里多路,就到了宛平城下。这里正是战场地带,伤亡的兵士想必都已由双方运回了,只剩下一匹死去的骡子,肚肠流露在腹外。城角上飘着一面停战的白旗,城上有几个保安警察在放哨。城东门紧闭着,西门开了一半,我随一位姓于的警官各处拍照并了解战况。时已正午,忽然听到了两个消息,第一是大井村又被日军占领,第二是日军四五百人又从丰台出动,向芦沟桥进发。"

记者在宛平县工作毕,即登芦沟桥西行,我军此时已在桥之西端,桥头满堆沙袋。守军盘问我,我说是从北平来的,他们很兴奋。又问我:日本兵撤退了没有?我即据实告以并未撤退,且正在增援中。听了这消息之后,兵士们都感觉极愤恨。

我站在芦沟桥上浏览过一幅开朗的美景,令人眷恋:北面正浮起一片辽阔的白云,衬托着永定河岸的原野;伟大的芦沟桥也许将成为伟的民族解放战争的发祥地了！

从芦沟桥到长辛店只有五里，该地为平汉路北段的要站，机厂、材料厂都在这里，居民有七千户，百分之七十都是平汉路上的职工，因之同时也是个工人区。

在一条街的尽头上，排列着阵亡的兵士的尸体，正在一个个的拍照抬埋。说也很巧，事变发生的那天，北平某木厂有一批订货由铁路运来，计木板四十吨。此项木板因战争阻于此，于是恰好就被军队出价买来，赶制了棺材。中国人对于保全尸体是很重视的，这次为国牺牲的健儿们，可瞑目于九泉了。军队中以四毛钱一天的工资招募了本地的老百姓做抬埋工作，老百姓都很勇于服务，军民的感情非常融洽。休息的时候，兵士还把自己的香烟分给他们共享。

围着尸体看热闹的人中，有一个就说："直奉战时，在长辛店打了三天三夜，也没有死这样多的人啊！"又一个说："死的那个连长他太太才十八岁，就住在这个街上，昨天看着棺材埋了之后，就坐火车回娘家去了，大概许是保定府的人。"

街头扶轮小学的童子军，打着一面小旗向各商户宣传募捐；商会特做了十几担绿豆汤，背了好些烟卷糖果，由一大排人排着往芦沟桥去劳军。长辛店的民众都活跃起来了！

南下、北上的列车全止于此，所以长辛店反而更是热闹。一列伤兵专车正要开往保定，列车的最后一辆车，躺着守卫宛平县城的营长金振中，他的腿部被炮弹炸伤了。长辛店的"员工慰劳团"带来大批慰劳品，

长辛店慰劳队

挨车分送给各伤兵,金营长得的东西最多,但随后又命令他的传令兵把这许多东西转送给各车里的许多同难者。

芦沟桥事件发生后,新闻界之到长辛店来者,尚以记者为第一人,故很快的这个消息就传遍全站了,因之在工作上得到各方面许多的帮助。

下午四时,赴驻军团部去访吉星文团长,他是这次战役的直接指挥官,我们会面时,他手里正拿着一个电报,同时很匆忙地对我说:"前方很紧,日本兵恐怕又有新的动作!你从北平来吗?不要回去了。"

记者辞出后再回到街上时,消息越发紧张了。一座高坡上,机关枪架在那里,路上的人多往家里跑。车站东边的商店,因为临近河边,所以也纷纷上了门。无疑的,芦沟桥又在对抗了。记者以发稿关系,又必须当日返平,但战争既有复起,芦沟桥自然不能通过,不得已乃沿永定河西岸绕道门头沟路线返平。

这条路正是我军沿河的一道防线,所以要经过好多次守军的盘问,但每次留难之后又必很客气的说几句道歉的话表示"对不起,耽误了你的时间。"这条路很少有人走,所以我这不速之客颇易引起他们的误会;我又曾遇到一个兵,从侧面五十米远的高粱田里跑出来,并立刻做卧倒的姿势用枪口瞄准我,喊一声"站住!"我停住,告诉他我的来历和去向,他才叫我离他很远的走过去,但是他仍用枪口向着我,直到我的背影在前途中消逝之后。我感觉二十九军的兵士每一个都很可爱,他们平均年龄都很小,二十岁左右的青年,正充满了天真活泼和英勇热烈的心,又何况他们都受过铁的训练,与强烈的民族意识的浇灌呢。

离长辛店十二里,至卢井村,正是下午六时,隆隆的炮声从芦沟桥方向送来,激烈的战争又在进行着了。所谓"和平"只是对方的缓兵之计,虽然我军为和平起见,已自动退至芦沟桥西岸,但是我好像有一个很坦然的心,相信二十九军绝对不会失掉自己的阵地。炮声一直把我送进了城,天色已黑,城门正要关闭了。(小方《芦沟桥抗战记》)

同样被枪口指着的情形,也出现在罗伯特·卡帕的战地摄影集《失焦》一书中:"突然步兵营里的一个士兵,在150码外对我叫着什么,同时举起了他的冲锋枪。我也大喊道:'放轻松!'但他听到我的口音后就开始射击。那一瞬间我不知道该做什么,如果我扑倒在雪地上,他仍然能打到我,如果我跑下路堤,他会追过来。我把手高高举起大叫:'投降!'三个士兵向我走来,手举着步枪。当他们走近看清楚我脖子上的三台德国相机时,他们都乐了。"看来战场上的危险无处不在,若想成为合格的战地记者,方大曾也好,罗伯特·卡帕也好,都必须经历这些命悬一线的必修课。

方大曾是卢沟桥事变后第一位赶到现场的新闻记者,上海《新闻报》记者陆诒五十年后还清晰地记得方大曾那张年轻兴奋的脸庞,"他在第一时间赶到了宛平,最先报道了震惊中外的'卢沟桥事变'",在小方的笔下,战争

上海《申报》每周增刊用小方拍摄的
《守卫芦沟桥军士之英姿》做封面

的惨烈直刺心脾，虽然几十年过去，从他留下的亲历描述中，仍然让人心有余悸，仿佛战争就发生在眼前"。

十日下午开始的二次总攻，日军仍未能得逞，反而遭了比第一次战役的更大的损失，计两次战役死伤达二百三十名之多，而我军伤亡则为一百五十余人。

二十九军在这次抗敌战争中，其悲壮热烈，实非笔墨所能形容。记得在日军二次进攻的夜里，我军有一排人守铁桥，结果全部牺牲，亦未能退却一步。及后援军赶到，始将铁桥再行夺回。一个伤兵告诉我：他在那天参加夺桥的战役，他冲到日军的战壕里，把一个敌人用刺刀扎死，没有急把刺刀拔出来的时候，旁边的一个敌人把他左背刺伤；他就放弃了枪，右手从背上拔出大刀，立刻把刺他的那个敌人斩去半个头，并且接连着还杀伤两个敌人。这时他腹部又受了另外一刺刀，他觉得够本了，就跳出敌人的战壕跑回来。他还说：弟兄们将敌军打败后，还拼命的追杀过去，集合号也不能把他们集合回来，结果还是官长们亲自把他们叫

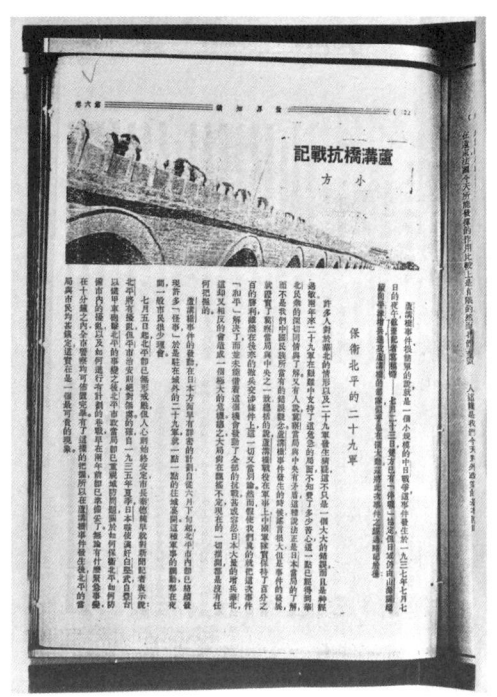

发表在《世界知识》杂志的
长篇通讯《芦沟桥抗战记》

回来的。因为我们有命令：只死守，不进攻。但这种情形好像猎犬追赶兔子一样，是一件无法抑止的行为！伤兵们每人都有两处以上的伤，可是他们都很满足自己已经够本了。

刚愎自用的日本少壮军人对于这两度战役的败死，自然是绝不甘休。"倾巢来犯"的形势由此造成了。于是北平的西南郊已完全布满了日军，野蛮的暴戾行为发作起来。关外调来的军队，对于怎样向中国大众施逞其淫威，经验当然丰富。农民们被强迫着割平自己的庄田，不止此也，割完之后，还被活活的埋在地上，只留一个头在外边，等他们慢慢死去。至于妇女们所遭遇的命运，更不忍想象了！为什么我们不立刻动员，把这些惨无人道的野兽赶出境外呢！（小方《芦沟桥抗战记》）

7月11日至22日，方大曾在家中写出长篇通讯《芦沟桥抗战记》，洗印了卢沟桥、长辛店被日军轰炸后惨状的照片。紧张工作的同时，7月13日，在不平静中方大曾度过了自己的二十五岁生日，这是他过的最后一个生日。

23日，小方将文章和采访拍摄的照片从北平寄出，后刊登在8月1日出版的上海《世界知识》杂志第六卷第十号上，文章还加了编者按："小方先生此稿于廿三日由平寄发，正在廿一日所得停战协定成立之后，末第二段所说和平解决，就是指当时的停战办法。但是日帝国主义显然没有和平的诚意，只有侵略的野心。在廿五晚廊坊事件，廿六日广安门冲突以后，日方对我已下最后通牒，中日大战已经迅速展开了。"这篇记者亲历的文章，在第一时间，向读者详述了战事的轮廓和亲眼所见，与评论相得益彰，生动准确，文章中他预言：伟大的卢沟桥也许将成为伟大的民族解放战争的发祥地。也就是从这个时候起，小方的名字开始随着他的报道受到人们的广泛关注。

战争空气由于这次的炮火变得突然紧张，大概全国的民众都确信一个全面抗战将要开始了吧，美国几家著名电影公司的新闻摄影员，中央电影厂的技师以及国内的几位著名记者都纷纷赶到北方来，然而局势反而沉寂下去。现在，平汉路的客车已经通到北平来，据说一切均已和平解决，双方同时将军队撤回至相当地点了，今晨——廿三日，我军已有三列兵车自北平开往涿县，而日军则只将占据铁道之军队撤退一里许，并且山海关方面还有无数日兵继续的开往天津，不知所谓"和平"之内幕究竟如何？

也许这篇通信到读者目中时，更严重的局势又已经展开了，因为我实在没有法子相信，同时全中国的民众也都没有法子相信：这次事件又和过去一样造成万分耻辱的结果。假若忠勇抗战的二十九军从北平撤退了，而这样大量的日军被容许长驻在华北，那么华北不是就等于伪满和冀东一样了吗？（小方《芦沟桥抗战记》）

这篇文章已经被尘封了多年，见到它，是我在漫长寻找当中的一个慰藉，一个希望。由于年代久远，刊物的用纸已经变黄发脆，当我小心翼翼捧读的时候，似乎见到了一个志同道合无话不谈的朋友，方大曾的热情跃然洋溢，他仿佛坐在对面，时而激动时而愤怒，眼睛放着光芒，身体充满活力，只不过他在时间的那一端，我在时间的这一端，手和刊物中间短短的距离，却相隔了七十多个年头。

陈：小方是什么时候最后一次回家的？是"卢沟桥事变"后的7月10日那次吗？

方：又回来过一趟。回来拿东西，很匆忙，很快又走了，详细情况我就不记得了。北京乱了，人心也乱了。当时家里还留下40多卷胶卷，是小方准备去采访"饥荒"时用的。那年四川闹灾，老百姓吃"观音土"，小方原准备去四川拍照，不巧赶上了"七·七事变"，就上了前线，一直就没回来。（陈申访问方澄敏《半个世纪的搜索》）

小方在北平家中写作《芦沟桥抗战记》期间，冲扩整理了向杂志社投稿的照片，并对卢沟桥事变后的北平动态进行采访，用相机留下了珍贵的资料。随后离家再次前往卢沟桥前线采访，从此就与家中失去了联系，没有信件，也没有什么人带来消息。再往后的情况，只能从当时和小方一道在抗战前线的记者的回忆录中略知一些片段了。

1937年7月28日清晨，《大公报》记者范长江、中外新闻摄影记者方大曾（笔名小方）、北平《实报》记者宋致泉和我从保定出发到卢沟桥前线，那天平汉路客车还通到长辛店，不过因兵车众多，客车行驶

发表在《申报》的《芦沟桥事件发生后之北平》

时间不定，列车开动前5分钟，范长江临时得到通知，孙连仲将军约他谈话，遂中止长辛店之行。

我们三个人仍按照原计划搭车出发，抵良乡车站，距长辛店还有25公里，前线炮声清晰可闻。小方兴奋得跳起来，对我说："这是中华民族争取解放的炮声！"（陆怡《战地萍踪》）

7月28日下午3点，日军两架飞机从长辛店上空投掷炸弹，并用机枪扫射，随后日军开始重炮轰击。当时，小方正在那里采访。与他同行的《实报》记者宋致泉回忆："炮声震耳欲聋，县府办事处的玻璃窗全被震碎，长辛店对外联络的电话已无法接通。小方跑在最前边拍摄平汉路上的将士。"

小方出发前和我们告别，他将沿铁路徒步前进，想拍摄一下我军铁甲车在卢沟桥前线作战的镜头……小方从卢沟桥前线奔回来，他说已经照了一位青年战士的照片，他只有16岁，身上背着自己的步枪和日本军官的指挥刀、望远镜之类的战利品……

29日清早5时，小方和老宋决定骑小毛驴上门头沟，准备绕道回北平……我在车站附近一家小店躲着，等敌机走了一阵，又与小方、老宋到车站会齐。原来他们向门头沟方向走了几里，听说前面道路已断，无法再回北平，才又折回长辛店。（陆诒《战地萍踪》）

范长江在《保定前方》中回忆："二十九日敌机十四架猛炸长辛店的时候，长辛店有三位勇敢的新闻记者几乎被横暴的攻击所牺牲，一位是新闻报记者陆诒先生，他是机警干练，而且忍苦耐劳；一位是中外社的小方先生，他近一年来的摄影和文字崭露头角于新闻界；一位是实报摄影家宋致泉先生，他的摄影不贵在他能有纯熟的摄影技巧,而在他能深入各种困难机会,以发展他摄影的活动。"

二十九日晨,记者离长辛店赴门头沟,在街头正遇着吉星文团自芦沟桥撤退回来,觉得很奇怪,问他们芦沟桥上有人接防否,他们也不答应。同时,在去门头沟的大道上,三十七师的队伍亦由西苑方面退下来,据他们说昨夜在北平附近还打了一夜仗,日军借坦克车攻击,战争非常激烈。

行出长辛店十余里,遇到从门头沟返回的旅客,据说北平与门头沟之交通亦断,好像一切情形均与昨日在长辛店所闻者大为相异,返平企图即不能达,记者乃折回长辛店。

……长辛店车站上,冷清清的,一辆客车也没有,记者只得沿铁路徒步南下,吉星文团退下来的队伍,络绎不绝的陪伴着我,他们到了离长辛店二十里路的南岗洼集合,样子很疲倦。团长也随着队伍一同走,大家在这里休息。到南岗洼约十分钟,一队飞机又来了,先是九架,见他们盘旋在长辛店的上空,一升一降的抛着炸弹,轰轰的响声,这里还听得很真。接着,六架重轰炸机往南岗洼飞来了,无疑的,目标是向着吉团来的。机关枪连正在集合训话,一时散开不及,几个炸弹落了下来,随着又是机关枪的扫射。我们受到相当损失。飞机盘旋了很久,投弹五十余枚,并且飞得很低,我们没有高射的武器,只得被敌人任情的屠杀。高粱地本是避飞机的去处,无奈因为人数过多,并且二十九军完全穿的是灰色服装,对于绿色的高粱地也不很合适。更何况敌人能够飞得这样低呢?当时的情形实在"惨不忍睹"。

记者以接近军队,危险性较大,乃离南岗洼继续南行,二十里至良乡。车站上停着一列军用火车,这列车从前方节节后退,自然是为了避开飞机的眼线,但是第二天,当它避到保定来的时候,结果还是被炸毁了。日本飞机怎么这样清楚地知道这是军用火车呢?这自然是汉奸活动的力量了。

记者在良乡未久留,即再徒步前行,又二十里,至窦店车站,时已下午三时,站长告记者已有客车一列自长辛店开来,等了好久,从老远的铁路线的尽头处,一座雄壮的机车直奔而来,他带来了长辛店的全体路员,不只是全列车里都装满了人,连车顶上,机车头上也都立了许多逃亡者。长辛店现在是一片空地了,路员的家属早已有数十列专车离开了长辛店,只剩下这一部分负有职务的人,也于这次列车全体退出来。他们述说长辛店被炸的惨状,令人听着不忍入耳!问他们二十九军都退到什么地方去了?他们说没有见到。的确,这也是一个谜,二十九军忽然从防线上总撤退之后,就见不到他们的踪影了,这决不是败退,这好像是一个有计划的神秘行动,伟大的民族解放战争,或许会有一个战略上的转变吧。(小方《保定以北》 1937年7月30日)

8月1日出版的《美术生活》(上海)杂志,发表了方大曾在战争前沿拍摄的一组战地照片,共18张。

《新闻报》记者陆诒在战地通讯《长辛店告急》中写道,大轰炸之后,长辛店车站的员工奉命撤离。小方、老宋和我商量,继续留在此地已丧失传递消息的可能,不如沿平汉线向南撤退。我们经过良乡和窦店,徒步七十里,走到琉璃河车站,才挤上平汉路客车退往保定,准备与先期到达的范长江会合。

当时,《大公报》记者范长江早已因为写作《中国的西北角》一书而闻名。他与方大曾在绥远抗战前线相识,小方的勇敢和机智,对于题材的选择和对于时间的谨严,常被范长江称道。

平津陷落后,范长江回到上海,那时上海的《大公报》正需要人,在范长江的举荐下,方大曾开始了平汉沿线的战地报道工作。

1937年8月8日,日军在北平举行了大规模的"入城式",五千多名荷枪实弹、耀武扬威的侵略者从永定门开进城区。

这一年北平的夏季异常的沉闷和压抑,有家不能回的小方,迂回在长辛店、良乡和保定一带,行踪和报道始终随着战事而动,日军进入北平后,他在愤怒和屈辱中写下了《前线忆北平》。

北平是一个宏壮伟丽的文化城,的确,我们假如要把他毁在战争中实在是可惜,也许我们之不愿作守城的战争,这也是原因之一个。但是这所以号称文化城的地域,不只在乎有那些"物质文化",而更重要的是在这里头生活着一百五十万有教养的市民,其中三十万学生份子都是由历次的爱国运动中锻炼出来的精华,是全国青年运动的领导者,在我们的民族复兴运动中造出过多少次光荣的历史。尤可贵者是这些光荣的事迹没有一次不是以青年的生命和血换了来的。芦沟桥战事发端的时候,正值各学校里刚刚放了暑假,一部分学生虽有返乡的,但是有一部分学生正预备走而未走之际,就为了保卫北平的工作留了下来,他们组织在统一的团体之下,发动了慰劳团,宣传队,战地服务队等,并有一部分更勇敢的份子已在秘密的训练巷战技术,准备参加实际战斗,有两千人

发表在《美术生活》杂志的组照《抗战图存》

改变命运的战事

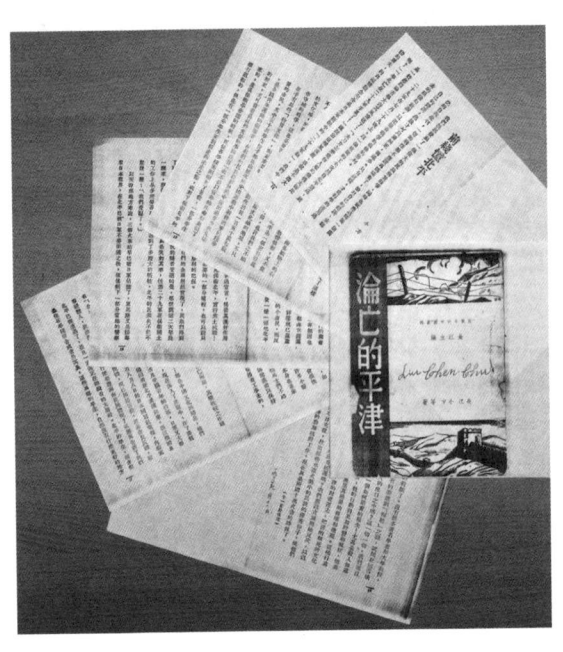

小方在保定撰写的通讯
《前线忆北平》

的一个青年组织叫作民族解放先锋队的,他们已得秦德纯市长的允许,答应在敌人围困北平的时候,改编为义勇队参加作战。北平的军政当局公开的对民众表示城防无虑,并云十分钟内可以布置好一个全市的巷战阵地。在这种情形下,北平民众的心理,当是如何的兴奋,其所以能在芦沟桥炮声隐约中一向保持着那样镇静的态度,亦非无因也。大学教授们又曾集团的访晤过宋哲元、秦德纯询问情势,结果都非常圆满。七月中旬,芦事正在风雨莫测中,北平的汉奸冷家骥、周兆祥等就已蠢蠢思动,倡改北平为永久的"平安城"之议,企图欺骗一般的小市民,而反对正在准备着的守城战事。换句话说,就是要叫日本不费一枪一弹把北平得到手,当时北平文化界知道了这消息立即发表过宣言,揭发其汉奸作用,并表示文化界同仁愿与北平城共存亡,誓死保卫北平,实行焦土抗战!

焦土抗战,是我们不可免的同时也是必要的一部分牺牲,也可以说只有抱了焦土抗战的决心,才能获得最后胜利的把握。

出乎任何人的意料之外,就是汉奸们的企图居然实现了,民众们得到了收复通县丰台的报告之后,都愉快的睡着安适的觉,哪想到第二天早晨一醒来,整个的局面变更了,这真是突如其来,任凭二十九军在保卫国土的工作上是多么劳苦功高或遭遇到了多么大的牺牲,北平的民众也不能不惊讶一声:"我们受骗了。"

以天津那地方来说,三个火车站早已被日军占据了,东马路又是接邻着日本租界,在北平已被日军不劳而获之后,仅仅剩下一部分当地的警察保安队,还能在敌人的飞机大炮下支持五六天的巷战,所以我们又不能不奇怪北平的失陷是非常离奇的,离奇得和沈阳失陷一样。我们没有能力保卫北平吗?不能作围城一战吗?大概是"非不能也,是不为也"吧。地方军政领袖,在"恐日病"的病菌侵害下动摇了固有的自信力,这个责任是不能不负的,反过来说,以当时的形势,中央大军早已开到保定一带,如果北平的围城战能支持一个即或很短的时期,我们的援军必然也就会很快的接上来了。敌人要轰炸北平,这是不可免的,但我们还顾惜这许多小节吗?二十九军之退出北平,不只是民众们没有想到,就连军队本身也并未想到,这完全是临时的一个错误的观念所造成的,甚至于恐怕兵士们不听从撤退命令,而不惜欺骗兵士,说这是换防,假设说这一个撤退能以保持我们的实力,那也不妨一为,但是军队既然撤退,是不能背着工事走的,结果一路上被敌人的飞机追随着轰炸和扫射,伤亡遍地,其牺牲较这作战尤大,这种无代价的损失是多么可惜呢。

被遗弃在北平的爱国青年,知识份子……都是中国文化的结晶,他

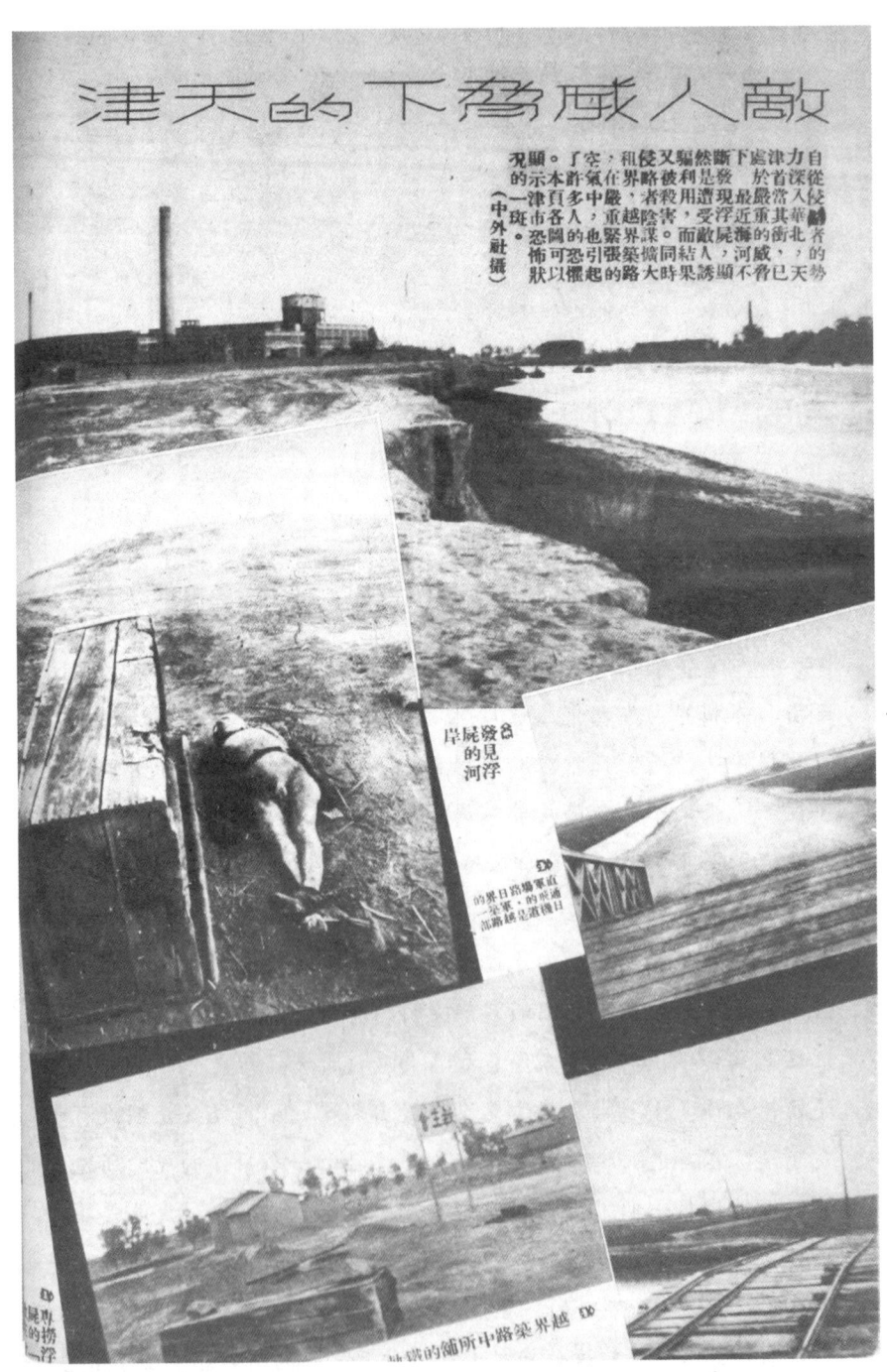

《敌人威胁下的天津》发表于《国民周刊》

们是手无寸铁,他们早已被敌人恨之入骨了,现在落入了虎窟中,作了蒸笼上的蚂蚁,随着三十几个知名的新闻记者及爱国青年的被捕,日军又大部开进了城,于是和天津一样的大屠杀继续着在北平表演起来。但这个消息因为交通的封锁并没能传出来,只有八月八日的日本同盟社电报,内容写着"北平红十字会及其他各慈善团体,现已开始活动,埋葬市民尸体,收容避难人,救治伤人……"为什么要埋葬市民尸体呢?这无异告诉了我们北平已经遭遇了,并且一定还正在继续着的大屠杀。北平的学生,很多都是住在学校宿舍或者公寓里,这些异乡的学生,自然没有什么更好的地方供他们藏避,只得任敌人尽情的杀戮了。还有很多著名学者和大学教授,他们的行为思想,甚至在平时就有的要遭到"解聘"之祸,试问在陷落后的北平中,他们还能够安生于敌人的虎口之中吗?这一切一切,我们都没有勇气去想像了,这是中华民族的一个如何严重的损失!尤其是敌人知道了我们正决心准备着收复平津的时候,他的行动将更加野蛮和疯狂,他要在北平没有被我们收复之先,尽情的施展其残暴的破坏和摧残。这种行为比强盗还要凶过万倍,他已进行着把平津的财宝运走,把活的和死的文化都摧残个干干净净。我们难道还要延迟吗?我们应该立刻开始反攻,以迅雷的速度先把平津克复,救出那些水深火热中的民族的优秀份子,使他们得到武装,积极的参加抗敌工作。现在真是所谓十万火急的时候了。(小方《前线忆北平》,1937 年 8 月 11 日保定)

除了撰写通讯报道,小方还以《我们为自卫而抗战》《日军炮火下之宛平》

《抗战图存》《为国捐躯》《民众慰劳》《芦沟桥事件发生后之北平》《被日军占领前的天津》《敌机轰炸我保定车站》等为题，进行一系列的专题摄影报道，被多家国内外报纸、杂志、画报采用，反响极大。随着战争局势的严峻，方大曾在前线已经不具备了冲洗照片的条件，他只能在文章中用形象的语言描述亲历的战争。

战火来得快烧得猛，居庸雄关也无法阻挡日军的铁蹄，许许多多的人流离失所，平静的生活被分割得支离破碎，北平乱了，人心也乱了，人们整日里在不安中度日，不敢去想还会发生什么。日军为了扩大战果，又将目光锁定在南口。当时，二十九军驻南口只有两个步兵营，被激怒的将士们扔掉了行李，立下誓言，准备与敌人血战到底，保卫家园。

1937年8月初，方大曾独自一人由保定到南口前沿采访。通过他的文字报道，我们能感受到由远而近的炮声、厮杀声和浓烈刺鼻的硝烟。

日军侵入平津后，二十九军驻防南口的只有两营步兵，第十三军汤恩伯部奉命抢防南口，于八月一日自绥东防次开拔东下，先头部队为八十九师王仲廉部，他们于三十日到达八达岭的青龙桥，次日抵南口。将士们离别绥东时，大家把自己所有的一切东西全部抛掉了，除了在战场上所需要的武器之外，别的什么也不带，以示决心。没有一个人的脑子里，想到抗战以外的事。芦沟桥事件尚在和战不决时，官长们每把"和平"的消息报告兵士们的时候，他们全部不言不语的低下头去，最后听到自己要开拔的消息，各个人的精神又兴奋了。南口的重要，谁都知道，绥东的民众送走了十三军之后，大家就彼此议论着："有老汤——指汤恩伯军长——去，我们就对南口放心了"。

北平美国使馆陆军参赞处随员Frank Dorn（窦尔恩），陪着一位美合众社记者白得恩氏，在八月四日这天由北平通过日军阵地到南口来，他们和我们新到的生力军谈话，那位美籍记者说："来到你们的阵地上，我是很大胆很放心的，但是我害怕到日军阵地去，因为没有把握他们之是否会危害我。"他说话间的表情，是显示着一方面为和平，为有理性，另一方面则为凶恶野蛮和可怕。美国武官又诚恳的嘱告我们："日本的飞机不可怕，但是你们要小心一点大炮和坦克车。"他的见地确是很对，以后的战役中果然是如此。我们很感谢这两位"中国的友人"给我们的真挚的鼓励和忠告。

南口这地方，察哈尔军一点工事也没有作，有的只是民国十五年国民军与奉军作战时的战迹而已，不过若是说毫无工事也是不对的，军队驻过的地方多少总有驻过兵的模样罢了。原有的二十九军两营，调回察哈尔去，新的防地由新的兵士接下来，二十九军的下级官长士兵们，态度行为都非常好，临行时把当地的情形详细的告诉了接替他们的人，他们自己也不能了解为什么自己的长官要下撤退的命令。

南口警察局长是汉奸，当我们的队伍一到，他就逃跑了。

车站，离南口山口有五里远，位置在南口的西南方向，车站的西面是铁路机厂，南面是一座小山头，叫作龙虎台，我们在那里防置了两排人，为南口阵地之最前方，这是保卫车站的第一线。南口的两侧，凸出两座高峻的山峰，这是我们主力阵地的支点，五二九团团部设在这里，西侧的山峰叫做双岭口,东侧的叫做马鞍山。从马鞍山更往东去,沿着起伏的山头爬过去,距离十里路的光景,就是关沟岭,亦为军事上的要点,五二九团第二营到那里去布防,再由此往东,五里路,就到得胜口,为南口左翼,在纬度上说,位置比南口要来得凹进一点,为通永宁城以达延庆的一条出路,敌人可以从这里抄过我们的后方去,五三零团的一营弟兄赶到那里去布防。他们的团部就设在得胜口里面的郭庄子,这样布置把南口正面的战线展开了三十里路之宽。计担任最前方的为五二九和五三零两团,担任补充的是五三三和五三四两团,他们在第二道线上作工事,八十九师的四团人,就全部放在南口山脉上了。(小方《血战居庸关·抢防南口》)

据陆诒回忆,担任《大公报》战地记者期间,小方独特的视角和作业方式引起广泛的关注,成为报道救亡爱国事迹的名记者,与范长江、徐盈同负盛名。当《大公报》的名记者范长江被孙连仲将军约请至指挥部晤谈时,小方已然出现在二十九军的阵地上,他知道到哪里才能找到好的照片和文字。有家难回的方大曾成为《大公报》战地特派员后,以最纯粹的职业态度,投入到新闻报道的最前沿,范长江又一次领教了这位"斯拉夫型"青年的性格,在保定风闻八路军挺进热河,小方甚至放下手头《大公报》的工作,赶去参加,因消息不准才作罢。这个平时在同行眼中诚挚、天真、勇敢、温和的青年对这场战争倾注了极大的热情,热切地奔逐于南口、保定、居庸关、太原、大同之间。

八月八日,敌人的骑兵到得胜口去搜索遇到我们的打击,就跑回去了,这是南口战役的发轫。

九日，南口正面的冲突爆发了，敌人的炮火猛烈得比我们的机关枪还要密，我们的前哨，首当其冲的是龙虎台阵地。我们的战士对于炮战有相当的认识，当敌人的炮火最猛烈之际，大家就离开了阵地，但这并不是说往后退的意思，而相反的是跑到阵地前面去。炮火之下敌人是不会冲锋的，因为如果那样作，他们自己的步兵不是也就同样被自己的炮弹打死在别人的阵地上了吗？我们的人既跑到阵地前面，炮火空空落在没有人的龙虎台上，等到晚间炮火停止，大家又回来，我们所以能这样安全的躲避炮火，得到高粱地的帮助很大。

敌人作战的公式，为先用炮火轰毁你的阵地，然后派少数骑兵来搜索，继之为坦克车及装甲车的冲锋。至于步兵，简直就没有和我们见面的勇气。两方面的士气比较起来，实在不可同日而语。比如这次炮轰龙虎台之后，一队骑兵来到搜索，但是他不敢进来，只停在山坡下面，很滑滑的向着我们阵地喊："喂！有人没有？"我们的弟兄都隐蔽在山头上，大家觉得非常好笑，一个弟兄忍不住的回答了一声："没有人！"这个不合逻辑的答复，也不知他是故意和敌人开玩笑呢，还是因为精神过于紧张而不加思考的说出来呢？不管怎么样吧，敌人一听到有人声，吓得拨马头就跑，拼命的飞奔回去了！

第二天，敌人向南口全面总攻，龙虎台是我们的一个凸出点，所以不能不把那里的部队撤下来，车站和机厂的放弃，是我们早即预料着的事情，我们先在机厂内布置了许多火油，于队伍撤入南口山头之后即由炮位调准了它把火油引着，于是著名的南口机厂即付之一炬了。专门行驶于南口康庄间爬山的七辆重力机车，亦早即开入山中，后来在战况最严重的时间，我们也把它毁掉了，与长城的工程齐名的八达岭山洞，亦遭破坏。

十二日早晨，三十多辆坦克车驶入了南口。应验了美国武官给我们的忠告，坦克车简直是"铁怪"，三英寸厚的钢壳，什么也打不透它，重炮打中了它，最多不过打一个翻身，然后它又会自己把自己调整过来继续行驶。只要有一道山沟，它就沿隙而上，怎么奈何它呢？办法是有的，第七连连长带着两排人跳出阵地冲向坦克车去，他们冲到这"铁怪"的跟前，铁怪自然少不了有好多窗口以备里面的人向外射击之用，于是大家就不顾一切的攀上前去，把手榴弹往窗口里丢，用手枪伸进去打，以血肉和钢铁搏斗，铁怪不支了，居然败走，并且其中的六辆因为里面的人全都死了，所以就成了我们的战利品，两排勇敢的健儿虽然死了一半，但我们终于获得胜利，坦克车没有人能驾驶，而又没有那样大的炸弹或地雷能将它毁掉，结果这六辆宝贵的玩艺儿，在我们阵地里放了两天，终归又被敌人用新的坦克车拖了回去。（小方《血战居庸关·肉搏坦克车》）

拍摄日记　2000年3月3日星期五

小方的妹妹方澄敏坐在轮椅里把哥哥的照片举在胸前，眼泪无声地流过面颊，从小方失踪后，她在等待中度过了六十多年。她比哥哥小三岁，由于疾病她已无法连贯地说话，她的眼神告诉我们她明白我们正在为小方做着的一切。

方澄敏如同珍藏着对哥哥的记忆一样，珍藏着方大曾失踪前留下的全部底片。在经历了抗日战争、国内战争、全国解放、"大跃进"和"文化大革命"

刊登在《国民周刊》的《奋勇杀敌的二十九军》

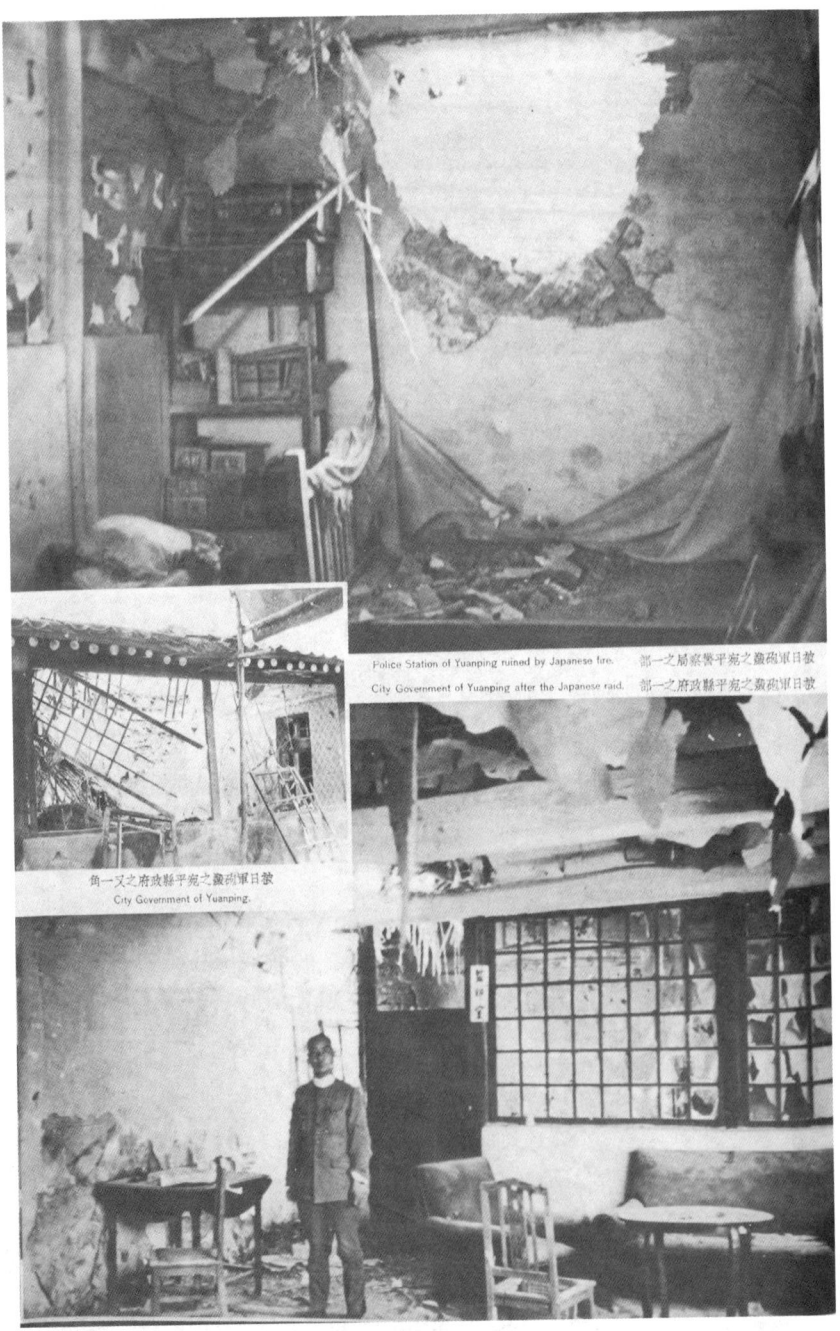

小方拍摄的日军轰炸后的宛平惨状

衛國捐軀

小方攝

華北忠勇抗敵受傷將士及各界慰勞之實況

Heroic Defenders of the Country
—"We would rather die gloriously than to be humiliated"—

由長辛店專車運保定之傷兵
Train loaded with the wounded in the conflict

戰地救護車上之我受傷兵士身雖受重創而面不改容
The wounded soldiers with heroic expression on their faces.

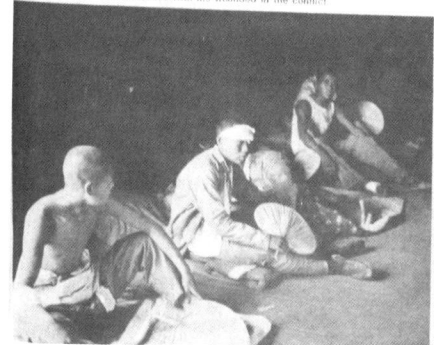

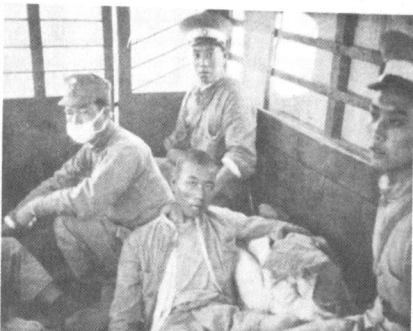

发表于《美术生活》杂志的组照《卫国捐躯》

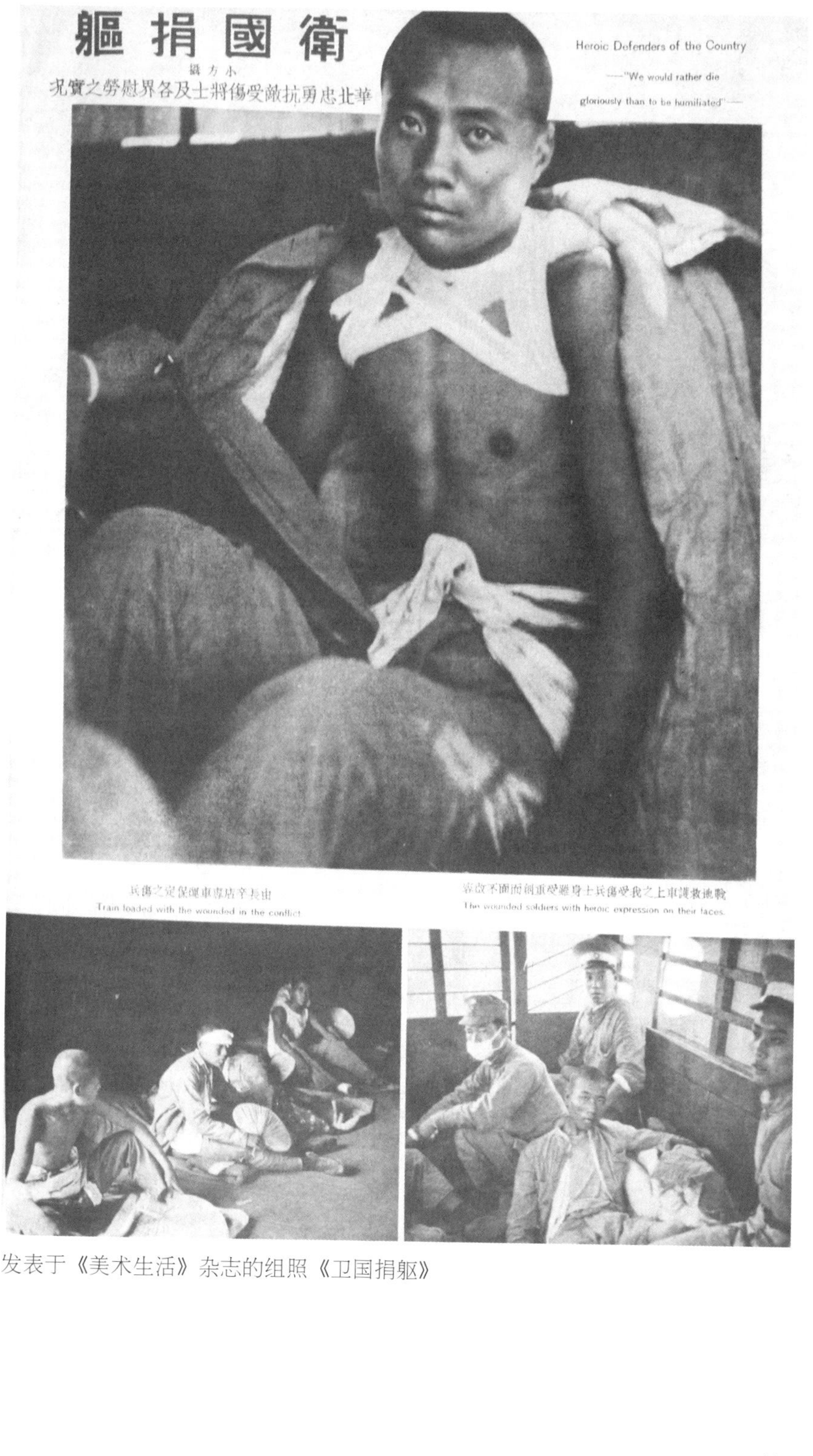

的种种动荡和磨难之后,方澄敏从一位端庄美丽的少女变成了一位白发苍苍的老人,而方大曾的作品在妹妹的保护下仍然年轻和生机勃勃。

下午,我和摄影师马东戈去北京东城区协和胡同拍摄小方的旧居。10号院的老房子已荡然无存,新主人不知道小方是谁,胡同还在,于是我们寻找着小方曾经留下过脚印的地方。

在国家图书馆的过刊库里,我们找到了许多泛黄的纸页,那上边有小方的名字、照片和文章,淡淡的霉味儿带我们回到了从前,看到了年轻的小方。我们也曾猜想,如果没有这些文字和照片,今天的人们会不会知道方大曾?如果没有那样一场战争,他的命运又将如何书写?

越接近他的文字和照片,就越能够感受到,作为有着爱国热忱的青年,小方把个人命运和国家命运紧紧地捆绑在一起,同呼吸共患难,作为战地记者,他把亲身经历和揭露真相完整结合,用事实讲道理。他是一个有着单纯心灵和高尚情操的人,勇敢而执着,命运无情地让他经历了战争,他的选择不是逃避和退却,而是正视和面对。小方的人生经历是有限的,毕竟是二十多岁的年轻人,但是他的睿智和成熟,激情与活力,弥补了经验的不足,他不是书斋里的口号派,而是战场上的行动派。

1937年的战火已经远去,时光无情也有情,从保定、石家庄、太原、大同到蠡县,行程往返数千公里,从娘子关到雁门关,我们用镜头一路追寻着方大曾最后的生命时光,期待着他的重现和归来。

七 纸张上的战地足迹

　　纪录片将以方大曾最后的行程为结构线索,沿着他曾经过的地方,通过他的照片和文字,寻找这位年轻的新闻记者为人所知的生命时光。调入其个人信息和相关背景,访问知情者,推测他失踪的行为可能,加之寻找过程,几条线交织并行,力图再现1937年7月到9月小方个人及国家命运的真实状况,以冷静和客观为叙事原则,强调时代感和当代性,讲求还原历史而不是解释历史,并凭借相关背景完成对他成长以及当时社会形态的描述。

——冯雪松
《纪录片＜寻找方大曾＞导演阐述》

卢沟桥事变前小方在故宫筒子河畔留影

如果说把方大曾的摄影和通讯报道分三个阶段的话，无疑，大学毕业之前，发起北方少年摄影社团和四处旅行长见增识，是他丰富个人积累的准备期，大学毕业之后到卢沟桥事变之前，也就是任中外新闻学社记者这一阶段，是他广泛实践和日渐成熟的发展期，而抗战全面爆发后，他奔赴前线作战地报道，则是能力全面释放的高峰期。

纪录片《寻找方大曾》所选取的正是小方人生中最具炫目光彩的第三个阶段，从查阅他的战地通讯和同行们的回忆中得知，从7月10日到9月18日，两个月的时间里，方大曾的足迹遍布长辛店、保定、石家庄、太原和大同，几乎是哪里有战斗哪里就有他的身影，他用文字和图片把自己的见闻传递出去，在《大公报》《世界知识》《良友画报》上，人们能经常看到他的报道，直到今天我们读着仿佛身临其境般滚烫的文字，似乎更加清晰了他留在已经泛黄纸张上的战地足迹。同为战地记者的陆诒，那一段时间几乎与小方形影不离，同进共退。

经过早上大轰炸之后，长辛店车站员工奉命撤离，长辛店居民也纷纷撤退。小方、老宋和我三人商量，继续留在此地已丧失传递消息的可能，不如沿平汉线向南撤退。走不多远，敌机七架沿铁路线低飞跟踪而来，我们躲入路旁的青纱帐，这是最理想的防空掩护体。经过良乡和窦店，

小方 1937 年 7 月 30 日写于保定的通讯《保定以北》

徒步七十里,走到琉璃河车站,才挤上平汉路客车退往保定。

从保定下车,时已午夜,路上戒严,城门紧闭,只好到火车站附近一家小旅馆投宿,十几个人挤在一起,坐待天明。三十日早晨进城,先到范长江所住的保阳旅社休息,他知道我们刚从长辛店前线回来,急于了解前线情况,我们也请他谈论晤孙连仲将军的情况。(陆诒《保定被炸》)

7月30日,方大曾等人在保定保阳旅社与范长江会合,一同前往的陆诒回忆:"我们正互相交换着情况,突然有几个南开大学和东北大学学生慰劳伤兵的代表推门而入,参加我们的议论。显然,他们有很多话要倾诉,谈到自己的学校,南开大学的校舍已被敌机炸毁,珍藏的图书、科学仪器和几十年来学校艰苦经营的一切设备,顷刻化为灰烬。他们圆睁着眼睛,拍案而起,怒吼:'咱们什么都完了!今后只有一条命,就是要去跟敌人拼!'东北大学的学生听到我军在前线失利的消息,更是痛哭失声。他们说:'老家东北成了敌人进一步侵略中国的前进基地,父母、兄弟、姊妹几年来音讯全无,生死不明。前几年,我们流亡到北平进东北大学读书,夜夜梦回故乡,如今北平和半个河北省都丢了,我们已无家可归,无书可读,只有投军一条路,打回老家去!'"

抗战爆发七十五周年之际,范长江先生的儿子范苏苏,再版了父亲主编的抗战中的中国系列之《卢沟桥到漳河》,其中方大曾的通讯《保定以北》和《保定以南》系首次发现。

范长江主编的《卢沟桥到漳河》
收录小方的三篇通讯

就在小方和范长江等人会合的当天下午，日军飞机从东面飞来，保定火车站遭受五架敌机轰炸，四辆弹药车被炸中，引起大火。

我们在拍摄时，采访了当年日军轰炸保定的见证人王逸民（访问时七十六岁）。他回忆道："当时我十三岁，日本人空袭的时候，发电厂给防空信号，从弱到强有十二种声音，我记得正赶上高射炮兵调防的时候，日本人的飞机就嗡嗡嗡地来了，扔炸弹的声音很大，据说用的是开花炮、子母弹。我们这帮孩子不敢钻地洞，怕黑，就把八仙桌上蒙上几层被，钻到底下，大家抱在一块，那时候鸡鸭都不叫了。后来听说，火车站卖烟卷的小孩被炸死，肠子都挂在电线杆上了，这样的轰炸之后又有了好多次。"

过了一会儿，我到车站采访。一路上，折臂断足的军民由担架队抬送迎面而来，鲜血滴落在街头泥泞中成了紫黑色，有的伤者还在低声呻吟，有的人虽口眼未闭，但早已气绝在担架上了。被敌机扫射过的客车车厢中都有尸体，有躺着的，也有坐着的。一个还不到四岁的女孩，手拉着母亲的衣襟，声嘶力竭在叫喊："妈妈！"可是她妈妈胸部被击中两颗机关枪子弹，再也听不到女儿的呼唤了！真是惨绝人寰！敌人又欠下一笔血债。

保定经过这天下午敌机轰炸以后，人心慌乱，迁家逃难者多起来了，对战争缺少准备的弱点从各方面逐步暴露。弱点暴露之后只要及时改进，坏事也能变成好事,最怕是讳疾忌医,不求进步。

就在三十日晚上,范长江劝我搭平汉路火车转陇海路和津浦路同返上海,他判断这次战争短期内不能结束,也不会停留在局部抗战的阶段。
(陆诒《保定被炸》)

孙连仲部队连续开赴前线,接替二十九军防线,范长江、陆诒等人当天晚上离开保定搭车回南方,临行,范长江委托方大曾留在保定,继续采访平汉线战讯。

令人苦闷了好久的芦沟桥事件,终于给我们一个大的兴奋。七月二十八日早晨,记者正在保定,闻北平四郊已于二十七日夜发生战事,乃于是晨乘赴平之火车赶往视察。

平汉铁路,自所谓芦事"和平解决"后,曾经通了三天车,但是今天车站上的临时布告牌上,又写出了"客票只至长辛店"。火车误点开出,到长辛店的时候已十二时半;沿途逢站均有停留,常见树荫深处,有我们的国军隐约的前进。快到长辛店的时候,由火车的高处,又见到东边的高粱地里,走着一排二十九军;他们一半人着军衣,一半人着便服,沿着曲折的田地向永定河方面开去,全车的人,见到这一幅景象,均情不自禁的欢腾起来。

太原来的牺牲救国同盟,国民兵等团体之代表二十余人,正在车站上;他们是随着夜间开来的货车到长辛店,预备经门头沟去北平,但是因为平郊战况激烈,未能即刻出发;其后又得当地驻防之戴守义旅长面示,说是我军已克复丰台,大井村一带之敌人,亦已退却,这消息是上午十一时传出来的,他们——太原各代表即整理行装,于下午一时徒步赴门头沟,因为预料北平是不成问题了。

记者本拟赴平,惟即知丰台收复,乃留长辛店,以便就近前往视察。铁路沿线兵士守卫森严,一列铁甲车从大铁桥上往回开来,这是回长辛店去"加水"的。车上的兵士各人都显着一副愉快的面色,随后又见许多兵士自前方下来,他们也大半是穿的便衣,颇有农民游击队的风味。每个人的脸上都浮着一个坚苦的表情,我向他们打招呼,他们用笑容来回答。问他们前方的情况,他们也只是笑。有几个人拿着日本军官用的指挥刀,问他们从哪里得来的,他们也只是笑。总之,这是一种说不出来的愉快!(小方《保定以北》)

8月初至20日,方大曾来到南口、居庸关一带采访,亲历南口战役,后听说八路军挺进热河,于是赶去采访,路程走了一半后得知消息并不准确后折回。小方出现在阵地上,没有胆怯和畏惧,尽管场面惨烈,空气在紧张中凝固,他依旧密切地关注着战事变化,警觉着身边随时可能发生新闻的临界状态,有一种带着兴奋的自信,仿佛自己置身局外,毫无畏缩,"敌人的作战,除了凭依机械化的利器之外,就再没其他可以仰仗了,他们的坦克车里装载着步兵,直冲入山口,然后方出来企图冲锋。但是我们的阵地位置很好,总是居高临下的,当我们喊一声'杀'的时候,他们又赶忙跑进坦克车把门关得牢牢的,有一次我们七个兵士在上山巡行,恰遇着十个敌人在老远的山坡上偷进,一定是来做侦探工作的,我们偷偷的追上相隔一个手榴弹抛掷距离以外的地方,遭遇了。我们的手榴弹一掷,虽然投不着敌人,但是那十个

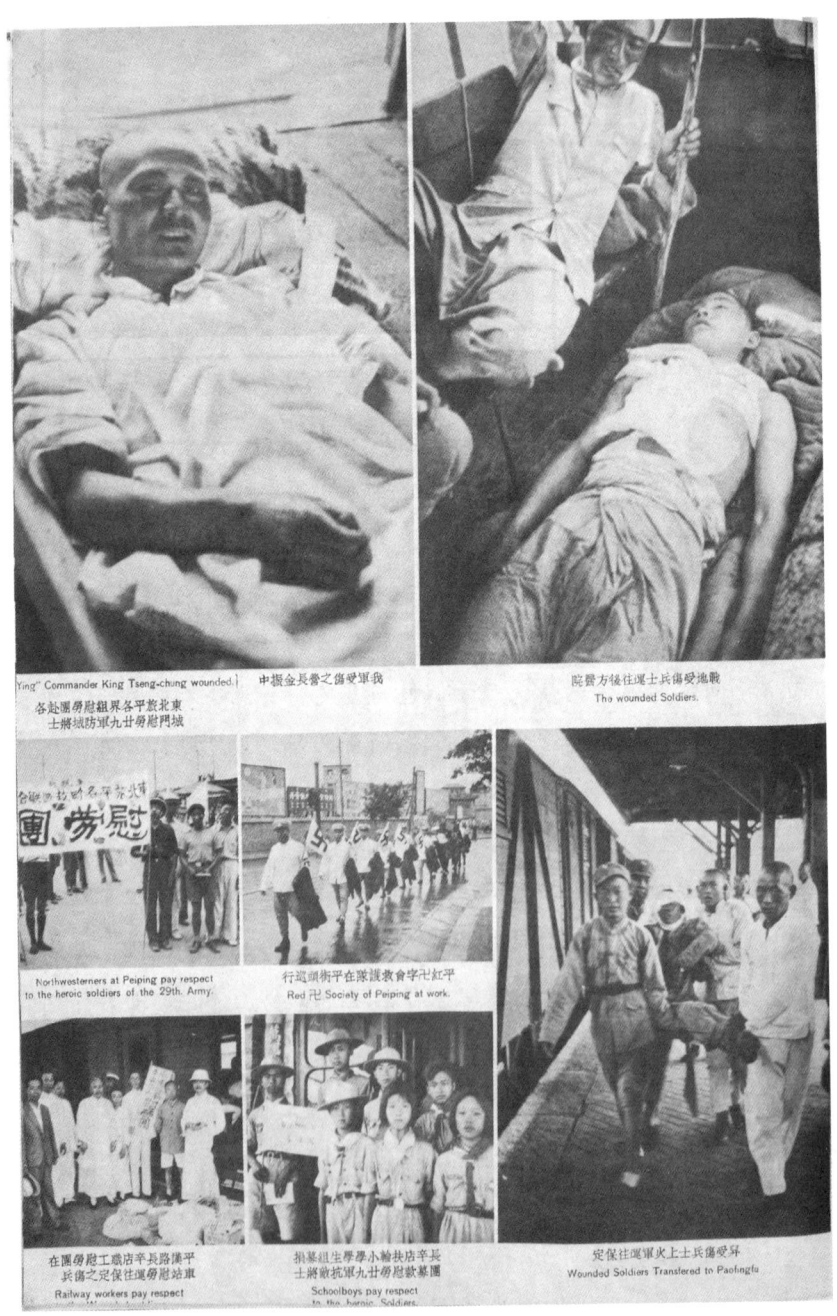

小方拍摄的前线动态发表于《美术生活》杂志

小子立刻跪了下来，把枪举起，没有出息的投降了。"

我们是不杀俘虏的，反之我们还尽可能的把日本军阀侵略中国，而以日本民众为炮灰的大意讲给他们听，并且送回他们去。有一个俘虏，告诉了我们指示日本飞机何处为自己的阵地的标志，后来在南口迂回线上我们就用了这办法，果然敌机就向标志所示明地方投下了一些子弹和一封信，内容写着叫他自己的兵士节用子弹，并谓后方运输非常困难等，彼时的情况是日本已入重山叠岭中，他们的接济都须以飞机来输送。

从十三日起，敌人的炮火更烈，他们把重炮每四个一行的排成三行纵队，四围用坦克车圈起来，以防我们的进袭。一圈一圈的向着南口战线摆列起来，从早到晚不停的施放。我们的工事都是临时掘的，挡不起重炮的轰击，兵士们每两个人为一单位，在山石上掘成一个小小的隐蔽洞，反正你的炮打上，也只能打掉我们两个人。每一方寸的地方都有炮弹落过，他们企图将整个的山打平。进南口的路途上，都是一步一弹，目的是击响我们的地雷，然后可以进袭我们的阵地。每天都有二十架飞机在空中威胁着，但是飞机的力量与作用几乎等于零，没有一个人怕它。十三军的将士们真了不得，他们奉到命令就是死守阵地，但是这里何来阵地？一些临时工事亦被炮火轰平，居庸关从今以后再也不会看到它的模样了，有的是由我们忠勇的抗日将士的血肉所筑成的一座新的长城！（小方《血战居庸关·新的长城》）

战斗是惨烈的，小方深入最前沿，"三昼夜得不到水喝，马鞍山上，第四连全体只剩下一个弟兄，但是他还沉着的把守阵地而不稍退，直到我们补

发表于上海《大公报》的战地通讯《血战居庸关》

充上去的生力军到达了，才把他接下来"。他看到"一个机关枪连的班长，他指挥着几架机关枪在一座山头上作战，敌人冲上来了，他痛骂着他的机关枪手打得太慢，但随后他眼前的一个枪手阵亡了，他自己就把这架枪接过来，继续着干，一不小心，他顺山坡跌滚下去了，但机关枪确仍旧抱在怀里。他再爬上来，敌人已到面前，他凭空手把一个日本军官的指挥刀夺下来，立即还手砍去，第一下砍到对方的钢盔上，第二下才把敌人弄死"。

前面的人快牺牲完了，五三三、五三四两团补充上去。

敌人没有肉搏作战的能力，只要是面对面，他们十回有十一回是要吃亏的。有一次我们十几个人，把敌人二百名骑兵全部歼灭了，他们只仗着大炮，我们也并非没有炮，但是炮弹缺乏，只要放出一炮，他就会对准着你的炮位回敬一百炮。在火线上，许多人的耳膜震破了，枪声根本就被埋没了，说话尽管说，但是谁也没有本事去听到对方的言语。千万的人都变成了聋子。

兵士们好像是"凶神下界"一样，这样激烈的情势，谁也没有表现丝毫动摇的情绪，每个人都理智的相信自己，相信队伍，并且相信命令。在从前内战的时代，兵士们拿起了枪，往往是满不理会的瞎放乱放。但是如今呢？谁都知道仔细瞄准。不浪费子弹，并没有官长去嘱咐他们，确全是出于自动的本能。

王仲廉师长，他有强壮的体魄，高大的身量，黑而坚实的脸，师部设在居庸关山洞里，一辆火车作了办公厅，他本人和两位旅长四位团长，都在前线指挥。炮弹曾把他的头打伤了，若不是还有一个钢盔戴在头上，就不堪设想了。战争剥夺了他的睡眠的权利,又瘦又黑表现着他是一个为国效劳的忠勇的将官。

汤恩伯,这个铁汉子,他不要命了。这的确利害,十三军从军长到勤务兵,他们全不要命了!大家都把一条命决心拼在民族解放战争的火线上。他不是去年冬天在绥东见到他的那样状态,他穿一件短衬衣和短裤,手指被香烟熏得黄透了,从战争发动以来就没有睡眠的时间了,一切的精神,都用香烟维持着。瘦得像"鬼"一样,烈日把脸晒出焦黑的油光,那件衣领,原来一定是很合适的,但是现在看去已经特别的肥大了,大得足足能伸入一只手去。只有两个传令兵随身跟着他,那些卫兵勤务兵呢,早已加入火线去了。他到前方去指挥。对着兵士沉痛的说:"你们好好的打呀。"他只能说出这样简单的话了,他简直就不会再说第二句话。一看到自己的兵士,眼眶里就充满了泪水,怎么能流出泪来呢,只好又从鼻子里噎了进去。兵士们见到这样一个人,猛然间是认不得他是谁了。"噢,这是军长。"当他们想过来这个人与他们的关系之时,也感动得流出泪来。这种共鸣和一致,使十三军在南口能给我们的民族解放战争造成一页不朽的光荣史迹。

从南口到居庸关有十五里路,八十九师一共只有四团人,战至二十日,已不足一团,王仲廉在居庸关把余剩的部队集合起来,再向侵入南口之日军反攻,士气绝未稍馁,当夜又夺回来三个山头,汤恩伯曾苦笑着说:"残兵镇守居庸关!"所以自军事观点立论,居庸正面之将士,当已无愧于军人对国家应有之职守了。(小方《血战居庸关·"铁汉"之泪》)

这段精彩的描写淋漓尽致,士兵的斗志和战斗的惨烈,小方用笔把我们带到了前沿阵地,仿佛能感受到硝烟的气味和紧张的情绪,所以不忍节录,尽量保持原汁原味。

8月下旬,范长江电邀小方前往大同商议工作,他在后来的《忆小方》中写道:"南口战争爆发之后,上海《大公报》令我赴察哈尔助秋江工作,以加强中央战场采访力量,与左翼之溪映,右翼之小方配合,总辖平绥平汉之战争消息。从察哈尔失守,我与秋江从察南退晋北,再转大同,仍继主持中路战报。乃在大同突遇军邮友人陈虚舟先生,云小方已去绥东,是我大为惊异,盖不知其何故放弃右翼任务也。乃急电绥东请其返大同商工作。"

方大曾遂与溪映同行经石家庄过井陉县、娘子关由平汉路转往西部前线,绕道太原。"火车十一点多钟从石家庄开,先还要经过一段河北省的地方,这一带是平原,过了产煤的井陉县,铁路就入了太行山,名字非常美丽的娘子关,即首当其冲。娘子关有雄伟的风景,在娘子关车站的东边约二三里路,与平绥路上的南口居庸关一样,也是令人凭览的胜地。"旅途中,小方看着沿途的风景心生感慨,"六年来,我们的国防前线已由东四省而山海关,而喜峰口,而平津,今天已经到了南口,难道说明天还再会退到娘子关来吗?我们但愿娘子关永远作它令人凭览的胜地,而不要沦为战场"。

2000年8月10日到18日,我一个人按照小方在通讯中描述的采访路线,乘长途汽车从北京到保定转道蠡县,再到石家庄,然后乘火车前往太原,最后乘汽车去大同。一路上,去地方志办公室、党史办查资料,到博物馆和历史遗迹拍照片,寻访战争亲历者和知情人,为摄制纪录片做前期准备。这期间,

小方的通讯《从娘子关到雁门关》连载于 1937 年 9 月 17、18 日上海《大公报》

我的父亲病情加重再度住院,每行一地,只能通过电话告知他一声,免得为我再担心。

火车一路经过方大曾在《从娘子关到雁门关》一文中写到的井陉、娘子关、阳泉,虽相隔六十多年,相同的路线、相同的季节,或许还有相同的心情,沿途两边的田野浓绿深沉,一个丰收的秋天即将呈现。

> 娘子关是山西省的门户,实际上我们现在还要说什么"山西省的门户",这也是封建的字眼了。不过就地理上说,太行山的天险,确是把山西造成其所以为山西的条件之一。假设回到历史上来说,山西若是封建时代诸侯的领土,这实在是一块很理想的地方了。娘子关以西,火车差不多全都在山谷里面穿行,工程的险峻实不下于平绥路,不过只是轻巧些而已。在这山里,蕴藏着极丰富的煤铁,而以阳泉为采掘的中心,但规模究竟还是太小。 (小方《从娘子关到雁门关·进入娘子关》)

陈旧的绿皮火车,行走在8月的酷暑中,尽管开着车窗,依然炎热难当,我在大汗淋漓中旅行,因为是同一个季节,想必旅途中的小方当年也是这般模样。由平原入太行,沿途有许多废弃的老房子,看样子也有大几十年的光景了,不知是否也曾经留住过方大曾的目光?一路上我与兴奋和联想为伴。

车到娘子关,突然天上雷声一片,骤然间下起了大雨,刚刚还是晴空,一下子就变了天,站台上的人立刻跑空了,雨水霎时打湿了候车室斑驳的墙,天地间灰成一片。

几分钟过后,雨才慢慢小了,火车再次启动,这种忽来忽去的雨,让车厢里的旅客也都纳闷。我突发奇想,是不是自己在寻访中,无意间触动了哪

纪录片《寻找方大曾》前期采访时经过娘子关站（冯雪松摄）

根历史的神经，才会有这种猛然的巧遇？但我真的希望，这是小方传递过来的某种暗示。

方大曾在去大同的路上，经过太原时停留了一天，即便是刚刚离开战地，拥有了短暂的空闲时光，他也没留在旅馆里稍息片刻，而是走上太原的街头，通过所观所感，为我们描述了抗战初期的太原一日，大学经济学专业毕业的他，仍没有忘记以专业的眼光关注物价，今天读来仍然亲切。

八月下旬的气候，表现着充分的秋意，晨光清朗，市面的冷落，好像把这都市变成了农村，国防线上的太原究竟是紧张呢？还是散漫呢？两者都是对的，不过紧张者是一种人，而散漫者则又是一种人。太原城里的妇女儿童，早已都全部到乡间去了，这是官厅下的命令，这些人，抛弃了他们的日常工作，终日在外面为了避敌人的飞机而把整个的时间耗费掉了，妇女儿童姑且不谈，就连青年壮丁，他们有的是店员，公务员……以及其他自由职业者，好多人也都是从一清早晨，就到城外面去避飞机，直到日落方才回来，各机关都在晚上办公，比较大一点的商店，也都关闭着门，门上贴着一块小纸条："本号因防空关系，营业时间自下午六时至十时"。平时他们的营业时间都在十四小时以上，而如今则缩到四小时，那么这整个太原的经济活动力，无异已缩小了三四倍，再加上那部分完全停止了日常工作的妇女儿童，这种人力上的消极损失，应该值得我们考虑的。防空自然要紧，然而这种防法的确也是问题。在火线上，千百万的军人正和敌人拼命，而我们后方的民众把所有的时间浪费在"防空"上，诸如此类的情形，非只太原为然，其他各处如记者以后到过的大同等地，亦都是如此。

战事在前方开展了，我们后方的许多不必要的工作自然是应该停止，但是，也更有许多必要的工作是须要加紧的，如救护，防奸，供给军火，粮食，慰劳品等，这许多工作都要民众自发的干起来，由政府与以充分的发展机会与有组织的计划，不浪费民众的精力，来实行全民作战。山西对于防空问题，虽早有许多准备，但是就太原来说，负责者只是拼命的向民众灌输飞机恐怖的心理，举行防空演习，以及白天停止日常工作和妇孺迁出城外等，这样子就算大功告成了。结果呢，民众们还是散漫，无组织，自顾自，非但没有参加抗战工作，而且反到把日常工作牺牲了，举一个例子来说，"太原的一日"这天早晨，大约在九点钟时候，工厂的汽笛长的叫起来了，这是空袭警报，所有街上的行人都慌张了，良久才寂静下来，飞机随后果然来了三架，高射炮响了若干声，但是两个炸弹还是落在XXX附近了。警报解除之后，市面恢复了，街头巷尾，一切人的谈话无不以飞机为题材，有人说打下一架来，落在四十里外的一个村庄了。总之，其说不一，甚么都有，整个的这一整天，也许明天还会接着，人们都"集中精力"的议论着这件事。

冯雪松（左）访问马明（杨淮摄）

  物价腾贵，为太原特征之一，尤其是洋货，自战争爆发后猛涨不已。这大概也是全国普遍情形，不过在山西，因为钞票问题，对于物价的影响更大，往往晋钞的折价，只合法币之九扣至九四扣，晋钞究竟发行了多少呢？这还没有人能够给一个确实的答复。（小方《从娘子关到雁门关·太原的一日》）

  8月初，山西"新军"在太原国民师范礼堂宣布建立，由阎锡山派军事干部，牺盟会（山西牺牲救国大同盟）委派政工干部，编制以原有"军政训练班""军训团""国民兵军官教导团"为基础，组成山西青年抗敌决死队第一总队。总队长杜春沂，政治委员薄一波。

  太原当初的情况，我在纪录片拍摄过程中，访问了原山西抗日青年决死队队员、新华社山西分社原社长马明（时年八十一岁），他说："1937年8月，山西危机，华北危机，日军的飞机三五天就来一次，防空是一个重要的任务，有钱人去了南方，老百姓只好投奔亲友。我当时住小东门，敌机一来，就往附近的山上逃。那时候市场萧条，好多商家为了防空白天关门，晚上开门，各种传言非常多,形势紧张,货源不足,物价上涨,人心浮动不安。"青年们被发动起来,加入"牺牲救国大同盟"和"青年抗敌决死队"。他们向民众演讲,唱救亡歌曲,喊口号,他们慷慨激昂的情绪,实在令人感动。

据《山西大事记》记载,本月(8月),省教育厅召开太原中等以上学校校长紧急会议,决定省城各校迁至比较安全地带。会后,山西大学等校先后迁至临汾、平遥、介休等地。

那时太原市上很少看到青年学生,原因之一是各学校都因防空而停课,再一个原因是牺牲救国大同盟的组织,把大部分有为的青年,连工人在内,都吸收进去了。他们集中在营房里,过着军队样的生活,与一般军队不同的,只是他们中间有女性参加,这些女青年们和男性穿一样的制服,在一个队伍里出操,如果不听她们说话,实在没有法子辨认出谁是从军的花木兰了。

山西有三个主要的办民众运动团体,即牺牲救国大同盟——简称"牺盟",国民兵军官教导团与工人委员会,三个团体都直接统治于地方最高长官之下,此外另有一个已经快要过时的主张公道团。

因为白天的"防空",所以太原之夜就特别的繁荣起来。这里的情形也许恰与南京相反。在街头上,你可以看见一小队一小队的"牺盟"盟员,有的擎着大旗,有的摇着小旗,分布在各个的角落里,向着市民演讲,唱救亡歌曲,喊口号,青年盟员们那种慷慨激昂的情绪,实在令人非常感动。

……

"牺盟"盟员的日常生活，自然比不上军队的严格和紧张，但是青年们对抗日救国的这种奔放的热情，的确可以全部发泄在"牺盟"中了，这样一来，他们也就没有闲暇顾及其他更复杂的问题，因而就老实了，不再作其他的行动了！他们目前主要的工作，是防汉奸运动，据说这工作已经深入全晋，然而许多盟员在他们实际工作之后，都痛哭起来，事实上，环境所允许他们的，只是叫你在一个小小的圈子里叫啊喊啊的闹，把你的时间完全占据在操练，演讲，开会，以及喊着极高的口号上，而假设你要作出乎范围的工作呢，自然另有别的势力来牵你的后腿了。民众运动是贵乎应该为民众自己的自发的运动。而开明的统治者应该与以充分的自由，并加以诚恳的培植，设若这个运动不幸而被统治者以领导为名，行利用之实，则危险殊大！而我们血性方刚的青年，在我们运用了我们宝贵的"赤胆忠心"之外，同时也应该对大客观环境有一个理智的认识。这并不是说些使人寒心的话，而是说我们在抗日救国的战线上，应该走一个更真实更开明的途径。（小方《从娘子关到雁门关·夜生活》）

小住一日，次日早晨四点钟，方大曾从太原动身，乘汽车前往大同。当时同蒲路北段客车还只是通到原平镇，出雁门关还是以坐汽车为主，他中途到阳明堡吃了午饭后继续前行，这一天总行程六百二十华里。我曾在纪录片拍摄前，沿着小方当年的路线从太原去大同，原本五个小时的路程，因为山区路窄堵车走了八个多小时，盘山路线和他当年走的一样，只不过是铺上了一层沥青地面。

小方至大同，同溪映同来，据云：系在保定闻八路军挺进热河，故赶去参加,到绥始知不确。并自承认单独行动之欠考虑。我们于是与秋江四人在轰炸中的大同城内商以后工作计划。战局紧急时,我们所住大同招待所在白日已无食物供给,我们经常在城墙边防空洞旁写文章。

大同吃紧时,我与小方先后到石家庄。当时协定溪映坚持绥远宁夏线,秋江支持同蒲线,而小方则仍挺进平汉线。

那时保定已万分吃紧,卫立煌将军所部三师增援南口落空,正与敌激战于永定河上游青白口一带。小方当时异常兴奋,他不只要到保定,而且更要到保定以北南口山脉中去。他带上充分的蓝墨水、稿纸和照相器材,急急由石家庄登上北去的列车,临别时,我说:"希望你能写一篇'永定河上游的战争'!"他很平和坚定的对我说:"我一定有很好的成绩答复你!"(范长江《忆小方》)

此时,方大曾的工作热情正高,兴致正浓,他不停地拍照发稿,几乎没有休息的时间,而他的文字表达和摄影呈现更加准确和成熟。布列松说过,一张照片,拍摄的技巧很好,但是没有思想,没有内容,就像一盘没有肉的鱼骨头,不能使人得到真正的东西。在摄影采访中,最重要的问题,就是这位摄影家是否表达了自己的思想。一个摄影家,应该对生活,对世界,对他所要表现的一切,都有自己的看法。事实本身往往并不见得怎么有趣,重要的是在观察现实的时候有没有自己的观点。观点是打开摄影艺术之门的一把万能的钥匙。我们观察小方留下的作品,显然,他已经找到了这把万能的钥匙,无论是生活中还是战地上,他始终知道自己想要什么和想要表达什么,即便是一张普通的风景照,他也会把思想融入其中,这也是,他的作品为什么今天看来依然韵味十足的原因。

  从小方发表的战地通讯可知，他的足迹频奔于战斗猛烈的前沿，观察和拍摄，却极少提及自己的处境和危险，这一点与罗伯特·卡帕有着极大的不同，卡帕常常把采访经过和自身的感觉，甚至艳遇都写进文章，总是流露出感情色彩，而小方只描述战争和事实，更多的是让读者自己去体会和感悟，从冷静和客观的角度来看，方大曾似乎更接近于新闻本身的纯粹。但是他却好像没有考虑过自己和危险之间的距离，全心投入战事，努力报道真相，作品越来越多地被采用，名字越来越多地被熟知，可是完全没有想到的是，在获得一个好运气的同时，往往坏运气也会随之而来。

八 最后的消息

随着平汉战局恶化，保定失守，我们就不知道了他的消息。他身边带的旅费有限，汇款也不知道从哪里汇起。写信到邯郸邮局去问他的亲戚，回信说，小方到保定时，正值保定失守，他被迫退到保定东南的蠡县，在曾发出一信，以后就没有了下文。不过，在他由蠡县写信与他邯郸的亲戚时，明白提到："我仍将由蠡县继续北上，达到长江原来给我的任务！"

——范长江《忆小方》

1937年9月初，华北局势已十分危急，日本飞机几乎每天来轰炸大同车站，前方运输只靠一条破败的平绥路。从现有的资料分析，在大同期间，方大曾完成并寄出两篇通讯，一篇是写于9月4日的《从娘子关到雁门关》，分两期刊登于9月17日和18日的《大公报》，一篇是写于9月7日的《血战居庸关》，刊登于9月25日的《大公报》。

9月5日，以天津中外新闻学社为基础，在太原成立了全民通讯社，吴寄寒等人随之加入。在穆欣先生送给我的《抗日烽火中的中国报业》一书中特别提到全民社的成立："全民社在着手筹办的时候，周恩来曾批示：'定名为全民通讯社，李公朴任社长，实际工作由党负责，经费也由党负责。'通讯社成立时，青年摄影家沙飞（司徒传）、小方（方大曾）出任记者。"特别提到，"建社初期，著名摄影记者小方所拍摄的战地照片，尤为各报刊欢迎。"

新华社唐师曾在接受我的访问时说："单靠一张照片，如果不加文字说明，是没办法传递信息的，如果方大曾没有一定的文字写作技巧，他就没有办法传播要表达的信息，他是一个好的摄影师，也是一个好的写手，只有这两者加在一起，才会受到欢迎，甚至影响深远，这也是罗伯特·卡帕、方大曾能够脱颖而出的原因。"

9月12日，晋军李服膺部不战而退出大同，方大曾折回平汉线北段采访，与范长江先后到达石家庄，并决定单独到保定以北的南口山脉中去，采访卫立煌所部在永定河上游青白口一带与敌激战情况。

石家庄是方大曾前往采访地的必经之路，在接受我们摄制组访问时，曾任当地民主先锋队队长、解放后担任过山西省委第一书记的陶鲁笳还记得平

山西省委原第一书记陶鲁笳接受访问
(冯雪松摄)

津陷落后石家庄的抗日风潮,"1937年7月至9月,这两个多月是石家庄人民抗日情绪最高涨的时期,越来越高涨,我们民先组织抗日纠察队,那些汉奸、卖国贼如同过街老鼠,人人喊打。"而小方的文章与陶鲁笳的回忆恰好相互印证。

石家庄是个繁华地方,并为正太路之起点,乃通山西之要道,这里的人口自然相当复杂,因之也是便利汉奸的活动地带。那天正捕了一个汉奸,他是××碳务局的职员,并且还在当地作过某新闻报纸的记者,考其所以当汉奸的原因,是因为吸毒所致。自战争发动以来,各处所捕的"小汉奸"——这是有别于齐燮元之流的"大汉奸"而言,他们多半是吸毒犯,这是日本侵略者早已打下的根底了。吸毒的人,只要得到毒品,无论命令他做什么事他都可以干得出来的。毒瘾魔力实在是大过一切。

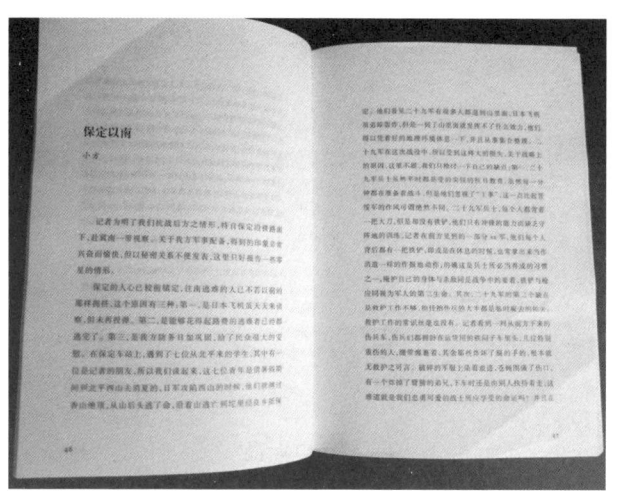

小方的战地通讯《保定以南》

所以我们缉捕汉奸最简单的路线是依着贩毒路线去探察。还有一件事，这是每一个车站上都有的现象，即当火车到站，尤其是兵车到时，总有好多娼妓赶到附近来徘徊，她们的目的自然多是为了"找客人"。但是妓女吸毒的很多，其中亦难免是负有另外作用的。女人的行动向来是不为人所注意的，但是当此非常时期，这是应该对这部分女人多加一点相当的注意才是。因为她们接近军人的机会特别多，最彻底的办法是在军队活动的地方禁绝娼妓。也正好借着这机会把她们从火坑中援救出来，加以集团的训练，参加服务工作，如看护、缝衣、洗衣等。尤其是在夏天，军队的洗衣服问题实在是值得特别注意。现在的抗战，是要全国总动员，所以如果这样办，也不是什么不可能的，问题只是方法的考虑而已。（小方《保定以南》）

在石家庄短暂停留之后，方大曾独自一人逆着人们逃难的路线折赴保定。可想而知，与战争相向而行是需要勇气的，当成群衣衫褴褛的难民迎面走来时，我们很难想象小方在那一时刻的心情。相隔六十年，同为战地记者的唐师曾在接受我采访时，感同身受地说："那时的心情首先是孤独，虽然受委派，但你是自愿去的，说明你爱这项事业的，而这项事业是随时可以把你的生命夺走的。（从表现看）方大曾从来没把生命当回事，他没有金钱，没有大的社会背景，他唯一能作赌注的，就是他的生命。"

保定的人心已较前镇定，往南逃难的人已不若以前的那样拥挤，这个原因有三种：第一，是日本飞机虽天天来侦察，但未再投弹。第二，是能够花得起路费的逃难者已经都逃完了。第三，是我方防务日加巩固，给了民众很大的安慰。在保定车站上，遇到了七位从北平来的学生，其中有一位是记者的朋友，所以我们谈起来，这七位青年是借暑假期间到北平西山去消夏的，日军攻陷西山的时候，他们就越过香山绝顶，从山后头逃了命，沿着山逃亡到坨里经良乡抵保定。他们看见二十九军有很多人都退到山里面，日本飞机虽追踪轰炸，但是一到了山里面就发挥不了什么效力，他们得以凭着好的地理环境休息一下，并且从事集合整理。二十九军在这次战役中，所以受到这样大的损失，关于战略上的原因，这里不提，我们只检讨一下自己的缺点：第一，二十九军兵士虽然平时都是受的尖锐的抗日教育，虽然每一分钟都在准备着战斗，但是他们忽视了"工事"，这一点比起晋绥军的作风可谓绝然不同。二十九军兵士，每个人都背着一把大刀，但是却没有铁铲，他们只有冲锋的能力而缺乏守阵地的训练，记者在前方见到的一部分XX军，他们每个人背后都有一把铁铲，即或是在休息的时候，也常拿出来当作消遣一样的作掘地动作，的确这是兵士所必当养成的习惯之一，掩护自己的身体与杀敌同是战争中的要着，铁铲与枪应同视为军人的第二生命。其次，二十九军的第二个缺点是救护工作不够，担任抬伤兵的大半都是临时雇去的民夫，救护工作的常识丝毫也没有。记者看到一列从前方下来的伤兵车，伤兵们都拥卧在运货用的铁闷子车里头，几位特别重伤的人，绷带缠裹着，其余那些炸坏了腿的手的，根本就无救护之可言。破碎的军服上染着血迹，苍蝇围满了伤口，有一个炸掉了臂膀的弟兄，下车时还是由别人扶持着走，这难道就是我们忠勇可爱的战士所应享受的命运吗？并且在后方医院里，工作人员也非常缺少，只有北平妇女绥战慰劳会救护班的学生十二个人，她们还是北平失陷前来的，在这里担任看护工作，另有保定各学校的男女学生二十余人，在青年会的组织下作伤兵服务的工作。这些热诚的青年日夜分班工作，忙得没有片刻休息，并且是完全的义务。救护工作的不够，实能给兵士的心理上以很大的影响。现在的情形虽然比起初好得不少，临时后方医院也加设了许多，但是还做得不够，切盼着内地的救亡团体动员大批有训练并且能够刻苦耐劳，勇敢沉着的服务队到前方来。

　　最后，二十九军第三个缺点是交通设备不够，他们的无线电太缺乏，以致各部队间的联络不灵敏，于是行动也就受到很大的不利，这很容易发生连自己也找不着自己的危险。我们希望二十九军在其进行抗战中，不断的努力自我教育，在血的斗争中，克服往日的一切弱点，把自己的队伍锻炼成钢铁般的坚固，以不负我们民众的厚望。（小方《保定以南》）

卢沟桥事变后，日本政府决定建立战时体制，实行全国总动员，对华不宣而战，日本天皇下令：迅速消灭河北省中部的中国军队。

为此，阿尔伯特·爱因斯坦撰文《道德的衰败》指出："为了保护正义和人类的尊严，如果战斗是不可避免的，就让我们迎上前去，而不要逃避。"

就在这个时候，方大曾已按照和范长江的约定，先抵保定附近采访，而

冯雪松（右）和摄制组在保定当年的战地寻访（孙进柱摄）

后计划再向北进发。由于时刻处于不确定的危险之中，小方此时已经没有冲扩照片的条件，他把拍完的胶卷带在身上，随时准备等待合适的机会冲印，然后再传递出去。

  记者自保定南下首至×县，因为听说这里驻有大军，但是到了这里除看到很少数的兵士搬运子弹之外，是看不到成形的队伍的。我们军队的行踪，非常秘密，并且绝不住在任何的县城里头，以避免敌人的飞机侦察和间谍的眼线。一半也因为地带辽阔，虽说已有××万大军开到，但并显不出兵多，七八尺高的青纱帐，更给军队活动以绝大的便利。到×县，这地方可算是一个"大站头"。我雇了一辆洋车，这车夫是个多血质的青年，他跑得特别快，并且沿街见了他的熟人都兴奋地打着招呼，后来他忍不住地对我说了，他说："我们今天可尽了国民的责任了，我可算是没有白当中国人，早上起来就拉了三趟伤兵！"伤兵从火车下来因为没有架床，所以都是用洋车拉入医院，但是遇到夜里到达或者是没有洋车的地方,则仍由人力扶持着徒步走,有一个夜里,我正在×县,就看到一大批伤兵结队缓缓的走着。他们经过军队哨岗时,哨兵们严肃的举枪敬礼,记者被感动得落泪了。尤其是夜色朦胧中,给这一幅画面增加了百倍的伟大。

洋车夫拉了三趟伤兵,就这样兴奋而满意,这只是举出来的一个代表的例子。民众们对于抗战都表示着万分的关切,这是后方的一致情形,有的民众听说记者是来自前方的,就都来围着打听消息。记者还有几位朋友,他们只要一有功夫,就跑到有军队运输的地方去,他们毫无作用的去看兵士的活动,这是为什么呢?据他们自己说:"看了我们的军队,就觉得高兴,这也算是打一打强心针。"民众的情绪都非常高涨,每个人都抱着跃跃欲试的思想,但可惜的是军政当局还没有能把我们这广大的群众组织起来,现在战争虽然是这样的紧急了,冀南的大部分民众可以说还在游离状态下生活着。说起冀南一带的民众,他们本来就有过很好的组织,不过这组织的方式还是很原始的如红枪会之类,常年军阀混战的时代,他们曾为了保护自己的家园,拒绝军阀的踩躏而与军阀对抗,后来时局平静了,这种组织也就渐渐消灭。"九一八"之后,有许多学生分子在学校里和农村中作宣传组织的工作,但是总遭着当局的严厉的压迫,这种"抗日即是反动"的攻令一直继续到"芦沟桥事件"发生后为止。如今呢,我们应该明白了,并且是需要民众的抗敌组织。绥远战争给我们的教训就是只有民众参加抗战才能得到胜利的把握。绥远民众和山西民众一样,可以说是有组织有训练的,绥战的胜利绝不是偶然的,

小方从蠡县发出了最后一篇战地报道（冯雪松摄）

河北当局目前应该急起直追的加紧这步工作，亡羊补牢，尚未为晚。据记者视察所得，虽有数县已经进行着非常时期的战时壮丁训练了，但有大多数的县分还没有动手，民众现在是迫切的需要组织起来参加抗战，但是他们被"遗弃"了。

我们现在的战争不是内战，因之已往的那些应用于内战的军事作风应该从根本上改过。这是一个全民的抗战，是一个生死关头的民族解放斗争，每一个国民都应该并且必须组织在抗战行动之下，只有这样，我们才能够把握着最后的胜利。（小方《保定以南》）

据《保定大事记》记载，1937年9月14日，涿保会战全面展开，日军投入兵力87500人，中国军队约12万人。16日，周恩来以中共中央代表，彭德怀以第十八集团军代表身份抵保定，与当地驻军指挥官就坚持华北抗战、协同作战等问题进行了谈判。18日，涿州沦陷，河北省政府、第一专署撤离保定南下。

保定战况吃紧时，小方被迫退到保定东南约五十公里的蠡县，就在涿州陷落的当天（9月18日），他从这里向上海寄出了通讯《平汉线北段的变化》，并寄信给邯郸的亲属，表示要继续北上。

平汉线北段的变化

小 方

刘汝明部以敏捷的速度退出张家口，一下子退到蔚县，又由来水顺流而下，很快地进了紫荆关，接着九月十二日早上，晋军退出大同，当晚敌人"和平"的入了城，于是整个的西战场就这样"大势定矣。"外边长城的里头，里边长城的外头，地理上属于桑干流域的那块肥沃的盆地，连带着她的丰富的煤铁宝藏而沦入敌手！大同失掉，敌人进攻绥远，可以不必再以绥东那条坚固的阵线为对象，而只由大同出得胜、杀虎两口以威迫绥南便成了。长城的建造是为了防御北来的侵袭的，绥远是在长城的北面，所以敌人出得胜、杀虎两口是很容易。大西北的情势之严重是不容忽视的！

敌人的进攻，配合着平绥线的就是津浦线，他的作战策略是颇值得注意的，大体不外专门对着我们防御线之最薄弱的一点予以猛烈的进攻。于是静海，马厂，青县等处的我军节节的支不住了。本来平汉，津浦是两条独立的阵线，而现在则变成对立的阵线了，即平汉前方成了大突出形势，而敌人在我们的右翼延展出一条以津浦为依据的平行线，企图沿沧石公路西上，以截断我们的后防，这是所谓外线的大包围战略。我军在这一线上，与敌人继续了一个多月的坚苦的战斗，对方的损失非常之大，举一个小例来说，他们一个师团的骑兵就全部牺牲在×××部的包围中了，高大伟丽的日本军马，活着得来的就有二百匹。

小方的最后一篇战地通讯《平汉线北段的变化》

平汉前方虽然有这样光荣的战绩，但是自桑干河变色之后，敌人进展到内长城的墙根之下，内长城差不多和平汉路也是平行的，这样一来，门头沟以西之斋堂，军尚以及百花山琉璃河上流一带的国军，就都受到腹背的威胁了。自从二百名伪匪军占领张家口之后，是北方战局全部震动的一个关键，津浦线再节节失利，结果使得平汉前方孤立起来了。敌人对这一线取得外线大包围的形势之后，就积极的作内线迂回战，而避免我们钢铁般的正面的劲旅。这一个迂回战，就是从固安县渡永定河，并将固安城攻陷，以下涿县，而抄我后方。

固安县一段的永定河是某某等部新布防的，×××是恰当固安正面，×××则在左翼，即偏一点上游方向。九月十三日，敌军即已有小部分渡河。十四日战争最烈，对方的炮火比机关枪还要密，我们只用守据点的死法子，结果×××之一团人完全牺牲在阵地上，敌人并利用密集的排枪和飞机，向我阵地不断的发放。造成了一层火药的墙壁。我们的补充队伍又上不来，于是这民国二十四——五年度冬，平津学生下乡宣传，两路总集合地的固安城就告失陷了。固安陷后，敌威逼涿县，以致琉璃河及房山县前方之阵地被迫动摇了。配合着这一个紧张局面的，就是敌方飞机沿石家庄以作强烈的轰炸，各火车站和几个中心地区都炸毁了。

平汉线的情况，是处于非常危急的局面之下，但是危急尽管危急，也不是说就必定会步平绥，津浦两线之后尘。在这里我们也有乐观的条件，也有反面的条件。所乐观的是：第一，平汉线均为我军主力，使我们放心，绝不会那样糊里糊涂的就随便往后退。第二，是第×路军已经开上来增援，内长城线或可保住，而不致于腹背受敌了。至于反面的条件呢，则恐怕敌人从津浦线找到空虚点往西偷袭，而企图截断平汉路沿线的任何一点。其次就是前方的部队，有一部分必须再好好的训练一下，才足以和顽强的敌人作战。虽然这一部分队伍的将士抗日情绪都非常高，但是我们也应该坦白的估计一下自己的力量，虚心的自省，如能压住自己的感情，暂且回到后方加紧作一个短时间的自我教育，再返到前方来，那时自可减少许多牺牲，且予民族以更大的贡献。（九一八，写于保定，寄自蠡县）

自蠡县寄出十二天后，这篇有观察、有分析、有议论的通讯发表在1937年9月30日上海《大公报》的第二版上，署名本报战地特派员小方。让人没有想到的是，从此以后，这个活力十足的生命却神秘地消失了，没有任何征兆，也没有任何踪迹，一切戛然而止。

《平汉线北段的变化》是小方为人所知的最后的文字，不知是有意还是巧合，"贡献"两个字既是文章的尾声，又是他在艰苦环境中为读者采访报道的写照，而他的消失，给人们留下的是至今未解的谜。

陈：后来小方就一直没给家来信？

方：没有，一直没有信。

陈：从小方和家里失去联系后，家里人什么时候感觉到小方再不会回来的？

方：这说来话长了。大概1935年（应为1936年）左右，他照了一幅照片，自己戴着钢盔的，寄回家中，照片放成大约10×12英寸大，上

小方自战地寄给母亲的照片

张在璇(左)在整理舅舅留下的底片(张在璇提供)

面写着：母亲大人存念　男小方摄于1935年（同上）冬时执行摄影工作　于绥东战地。这就表示，从那时起，他就要出去了，不定在哪儿，说明他早已立志献身于自己喜欢的事业，而不管是天涯海角了。但他那时常出去，习以为常了，北京城里人心惶惶，老不见他回来，也没处打听去。我是那年9月份走的，先去天津我父亲那里，后来考入西安"临时大学"……随着时间的推移，我们越来越预感到不妙。（陈申访问方澄敏《半个世纪的搜索》）

方大曾的姐夫张孝通当时在上海做事，为了了解小方的情况，他每天下班都要买一张报纸回来。1937年7月到9月间，小方在《大公报》上陆续发表战地通讯，于是，报纸就成了一家人了解战况和时局以及他行踪的信息来源，也就是买到9月30日这一天，之后就再也见不到小方写的任何字迹了。

从1937年7月至9月底的《大公报》上舅舅的摄影和文字报道不断，真实地向国内外报道了中华民族军民奋勇抗敌的英勇场景。8月他由平汉线转至山西在同浦铁路沿线采访，9月底又折回保定。家里的亲人一直得不到舅舅的消息。只能通过《大公报》了解他的行踪。当时我父母在上海，父亲每天下午回家都要带回一张《大公报》。母亲还记得，9月17日和25日都还在《大公报》上看到他的文章《从娘子关到雁门关》

和《血战居庸关》，但自 9 月 30 日见到他《平汉线北段的变化》这篇战地通讯以后就再也没有消息了。（张在璇《"卢沟桥事变"战地报道第一人》，原载于《天府早报》2002 年 6 月 30 日）

通过《保定抗日战争历史资料汇编》，我们可以看到，小方在蠡县寄出《平汉线北段的变化》后，战火已经一步步逼近这座古城。

9 月 19 日，日军第六师团占领定兴。同时出动飞机对满城县及北部漕河一线进行轰炸。20 日，日军第六师团占领徐水。21 日，日军第十四师团进入大册河北岸地区。22 日，日军第十四师团两千多人在飞机、坦克、大炮的掩护下，向大册营附近守军阵地猛攻，我国军队奋起反击，毙敌数百人，因一四五团伤亡近半，战线长，援军不至，防线被日军突破。

保定是去永定河上游的必经之路，通过范长江的叙述、小方寄给家人信件的内容分析，9 月 23 日左右，他应该在保定附近。同为战地记者，笔名无畏的谢冰莹当时就在城中，她跟随着守城的五十二军军长关麟征亲眼目睹了保定失陷的惨烈。

二十二日夜十一时我军决定缩短防线，坚守保定城垣，关军长并乘夜将军部由富昌村迁入城内，准备与城共存亡。但城内居民已无一人，电话已被破坏，消息不通，困守其中，指挥诸多不便，势亦绝难持久，不但幕僚劝阻，即记者亦期期以为不可，经大家再三劝慰，遂于二十三日天未明时由城内一同迁至城东南十里之小连庄。当时守城我军分配已定。而敌人三面围攻，飞机三十余架，翱翔保垣上空，到处掷弹，沿西门向北受重炮轰击，城墙倾圮甚多，豁口到处皆是。但激战终日，敌人

保定大慈阁是我国守军抵抗日军的制高点（冯雪松摄）

并未得逼近城垣，阵地无大变动。而我方牺牲过巨，实已无可再战矣。二十四日上午经拂晓之激烈战后，至十时顷，敌人左右两翼攻破我阵地，进迫城垣；同时北门亦被攻入。我守城仅余之少数部队，遂由南门退出，且战且走，向后方集合。合计三师兵力，伤亡过半。尤以第二师及第二十五师牺牲最大，退回之战斗兵不满三千，官长大多受伤，抗战之激烈，牺牲之悲壮，在平汉线为最甚。二十四日上午十一时保定遂陷于敌手。（无畏《保定抗战经过》）

迫于日军攻势，守城郑洞国师长被迫率部撤退，悲壮的保定会战落幕，城内城外一片焦土。小方是在哪里停止了他最后的脚步？是在哪里留下了他眼中最后的世界？日军疯狂的进攻和随后的屠杀，中断了我们对历史的问话。保定沦陷后，日军在城北关等处屠杀了2524人。25日的《大公报》发表了小方的《血战居庸关》，同一版上，刊载着《保定情况不明》的消息，这一天，八路军一一五师在平型关伏击日军，歼日军第五师第二十一旅团一千余人。

"我原以为卡帕活得短，只有四十岁。"唐师曾在接受采访时说，"方大曾呢，失踪时可能二十五岁，也可能超不过二十六岁，他们同样伟大。在战争中失踪最可能就是死了，（甚至）比死还可怜，死还可以留下遗物和尸体，失踪呢？连个胸牌都没有，无名烈士，名都不知道，更可悲的是，几十年来，没人再去想着他。"

　　以后我就回到上海，果然他来了两篇通信，那时他是平汉前方唯一的记者，所以通信很生色。

　　随着平汉战局恶化，保定失守，我们就不知道了他的消息。他身边带的旅费有限，汇款也不知道从哪里汇起。写信到邯郸邮局去问他的亲戚，回信说，小方到保定时，正值保定失守，他被迫退到保定东南的蠡县，在此曾发出一信，以后就没有了下文。不过，在他由蠡县给信与他邯郸的亲戚时，明白提到："我仍将由蠡县继续北上，达到长江原来给我的任务！"

　　以后石家庄陷落，太原失守，关于小方的踪迹，简直一点也打听不出来了。他的母亲，他的妹妹，他的女朋友，乃至关心他的朋友们都从我这里来打听消息，甚至于始终在山西战地的溪映也写信来问小方，在上海和在汉口，我曾会到千百个关心小方的人！

　　"我相信他不会有问题，因为他的机智，足以应付非常事变，他的才能也应该为中国新闻事业，中国民族解放事业，多尽些力量。"我自己也如所想，也如此答复他人。

　　但是去年保定战争之后（到）今天已经快一年了，我们还看不到我们这位硕壮身躯红润面庞头发带黄斯拉夫型的青年新闻战士！（范长江《忆小方》）

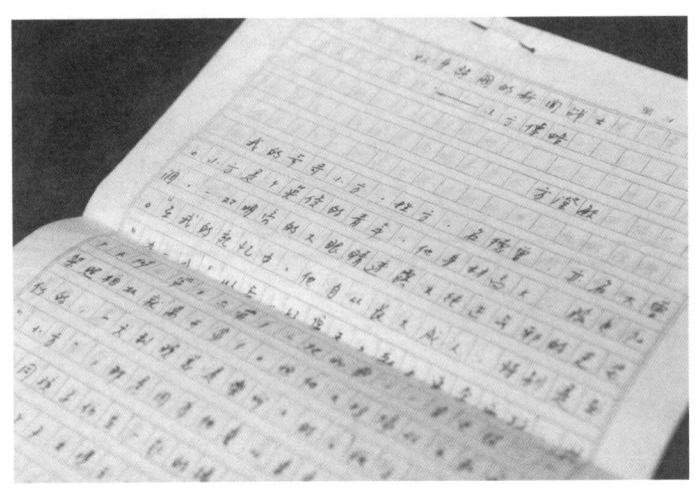

方澄敏《以身许国的新闻战士——小方传略》手稿

据周勉之、方仲伯等人回忆:"原中外新闻学社社员方大曾,当时在同蒲路沿线活动,就担任了全民社的战地摄影记者。他拍了不少战地照片,所以全民社在武汉时,除发文字稿外,还发了照片稿,不幸的是,不久即和方失去联系,以后再也听不到关于他的情况,最有可能是在抗战前线牺牲了。"

妹妹方澄敏1987年11月曾写道:"1946年我在重庆听柳湜说,1937年他在太原的'九·一八'纪念会上碰到过小方,当时小方意气昂扬,信心十足,并表明会后就要动身再去前方。可是50年过去了,还没有听说又有谁碰见过他。"

方澄敏保存着哥哥方大曾留下的底片,六十多年来,她的个人命运几经逆转,仍然不肯放弃寻找哥哥的念头。

小方的母亲并不相信儿子的失踪,她知道,儿子从小就爱往外跑,出去回来不过是时间长短而已。她这样等了三十二年,始终不肯搬离老宅,因为她和儿子约定,会永远在协和胡同10号等着他,最终也没有小方的任何消息,直到去世,她依然固执地相信,儿子仍旧活在世界上。

九 与青春相连的记忆

　　方大曾在青年记者里表现得比较突出，所以我们经常谈到他。长江对小方特别欣赏，他对年轻的，抱有崇高新闻理想的人，有特殊的感情。小方不简单，他是一个特别年轻有为的战地记者。

　　——沈 谱（访谈，2000年9月）

找到哥哥是方澄敏一生的期盼（阮义忠摄）

据家人回忆和我们在寻找中翻阅的资料来看，方大曾失踪前几乎没有恋爱过。范长江在回忆文章中写道，"小方的女友曾打听其下落"。方澄敏说，这个所谓的女友可能是自己的一位同学，还有人说一位名伶的侄女也曾对哥哥心仪，他的好多女同学也都喜欢他，但没听说有进一步的来往，都不过是好感罢了，况且他当时也没有那个心思。

我哥哥大学没毕业时就不要家里一分钱了，他靠拍照片和写稿赚来的钱，买胶片、稿纸和墨水。他的照片都是自己冲洗，而且洗得不错，技术是慢慢积累起来的，放大机也有。我好奇，功课不忙的时候，就去帮他洗，还配药水。小方不但是摄影家，还是旅行家，他总走，说不定什么时候回来，所以，最初和他失去联系后，也没太当回事，只不过日子久了，才渐渐地有了不祥的预感，我没有看见他遇难，总想他还活着，至少活在我的心里。（根据方澄敏1995年3月15日录音整理）

母亲方朱理在寂寞的等待中度过了三十二年

直到后来,方澄敏仍然不能完全接受哥哥已经死去的事实,她内心深处始终隐藏着一个幻想:有一天她的哥哥就像当年突然消失那样,会突然地出现在她的面前。《摄影家》杂志所编辑的方大曾专辑里,第一幅照片就是白发苍苍的方澄敏手里拿着一幅方大曾的自拍像——年轻的方大曾坐在马上,既像是出发也像是归来。照片中的方澄敏站在门口,她期待着方大曾归来的眼神,与其说是一个妹妹的眼神,不如说是一个祖母的眼神了。两幅画面重叠到一起,使遥远的过去和活生生的现在有了可靠的连接,或者说使消失的过去逐渐地成为今天的存在。作家余华在《消失的意义》中写道,这似乎是人们的记忆存在时的理由,过去时代的人和事为什么总是阴魂不散?我想这是因为他们一直影响着后来者的思维和生活。这样的经历不只是存在于方大曾和方澄敏兄妹之间。我的意思是说,无论是遭受了命运背叛的人,还是深得命运青睐的人,他们都会时刻感受着那些消失了的过去所带来的冲击。

和方澄敏有着相同感受的，还有她的母亲，这个读书不多，会些中医，心慈面善的人，始终相信儿子还活着。小方的外甥张在璇，小时候曾问过外婆舅舅的下落，外婆说你去问街坊老孙，拉洋车的老孙告诉他，"我不能说，怕你外婆伤心"。尽管说辞隐晦，大家还是不愿意往那个最坏的结局处去想，就这样，母亲一天天变老，印象中儿子还是青春的模样，有院子中冲洗照片的灰房子在，她始终相信，儿子一定会回来。

因为舅舅，这个房子家里的人也都知道是老太太的念想，我听母亲和姨妈说舅舅原来是记者，七七事变出去到前线采访，就再也没回来。老太太，也就是我的外婆，一直心里头惦记着儿子，这是儿子留下的东西，她看着很珍贵。我外婆是很苦的，儿子走了以后就没有音信了，天天总盼着，年年守望，想着这个儿子可能要回来。儿子跟她走的时候有个约定，她跟儿子说，我反正就住在这，你什么时候回来就到这个协和胡同7号（后改为10号）来找我，我至死都不会搬家的。因为有这个约定，她一直就没有挪开这个地方。我们小时候还问外婆，看着人家搬新家，咱们家怎么不搬？外婆说我不搬，我要等着我的儿子，等你大舅，因为我跟他约定了，他以后是要回来找我的，所以一年一年的守望，一年一年的失望，一直到外婆1969年去世。（冯雪松访问张在璇，2012年7月）

画报最后刊出小方的三组摄影报道是：《失恃的天险·南口》《已沦敌手之天津市》《敌故意摧残我文化机关——南开大学已成灰烬》（分载于《良友战事画刊》第6期、第7期上）。报纸最后发表小方的三篇战地通讯是：《从娘子关到雁门关》《血战居庸关》《平汉线北段的变化》（载1937年9月17日、25日、30日上海《大公报》）。

图文报道《芦沟桥事件》刊载于《良友杂志》1937年7月号

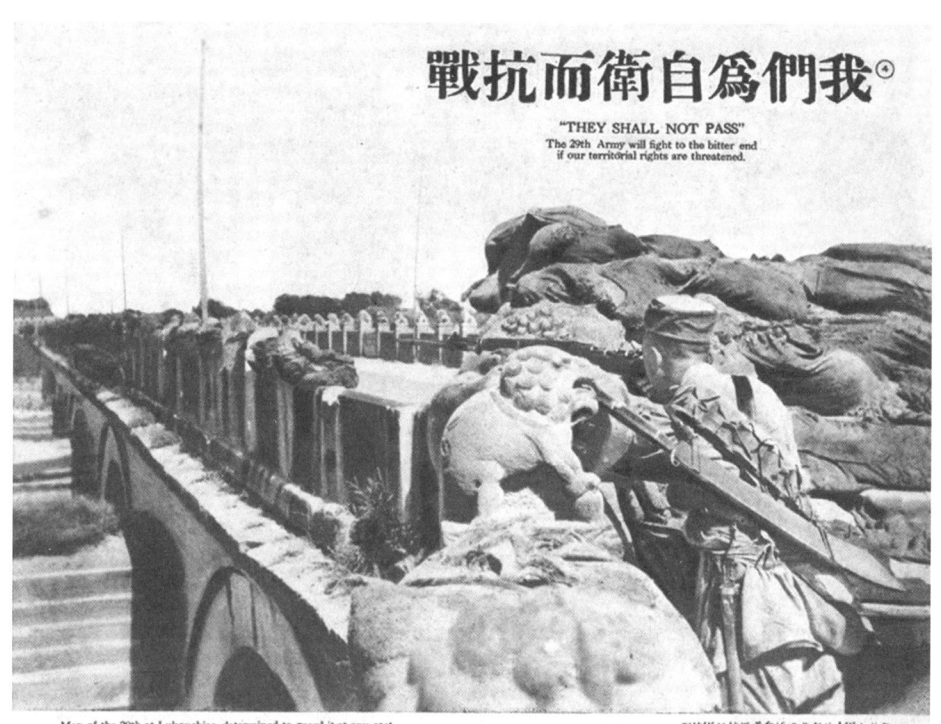

《我们为自卫而抗战》（组照之一）刊载于《良友杂志》1937年7月号

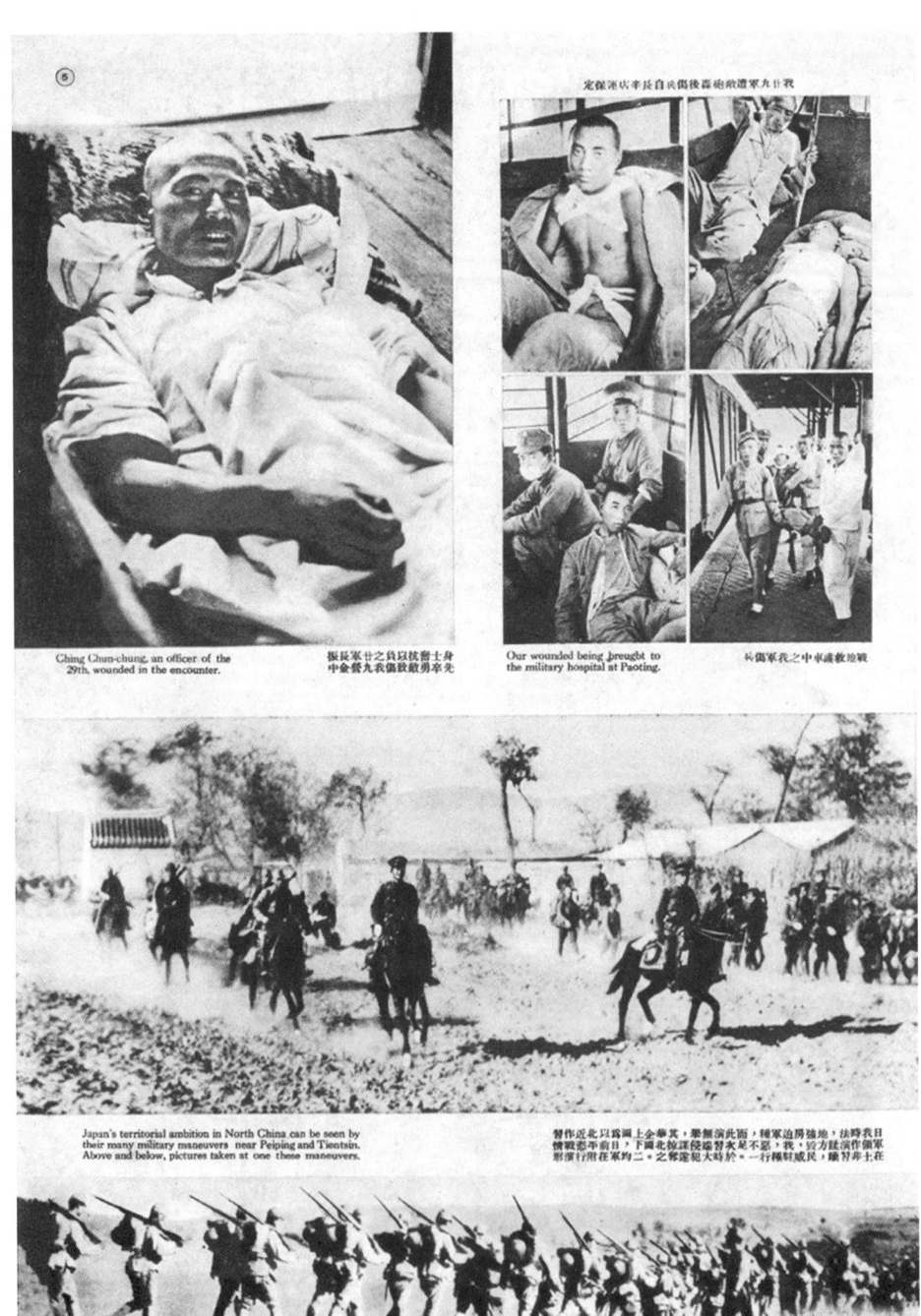

《我们为自卫而抗战》（组照之二）刊载于《良友杂志》1937 年 7 月号

《我们为自卫而抗战》（组照之三）刊载于《良友杂志》1937年7月号

小方为人所知的在《大公报》发表的最后三篇报道

老报人吴群回忆说,这表明,小方在奔赴平汉路前线摄取我军反攻的镜头后,又抽身赶回沦陷的北平天津采访,他坚定无畏,沉着冷静,面对凶恶敌军的刺刀与枪口,敢于拿出照相机继续拍摄,愤怒地揭发日寇侵占平津犯下的罪行。还说明,当年9月小方在紧张的转战途中,还抓紧时间补写稿件,和报社取得联系。但以后随着平汉北段战局的变化,小方的采访向西移,转到正太路和同浦路沿线去了,这时他单独行动遇到了困难危险,行踪不定,音讯中断,报社及亲友们都不知道他在哪里。

据说,1937年冬至1938年初,小方和武汉全民通讯社(由天津中外新闻学社改名组建的),还一度保持业务联系,但是在寻找中我们没有发现确证。诗人方殷曾还在文章中提及小方被日本人抓去,受到摧残,也同样没有办法得到证明。

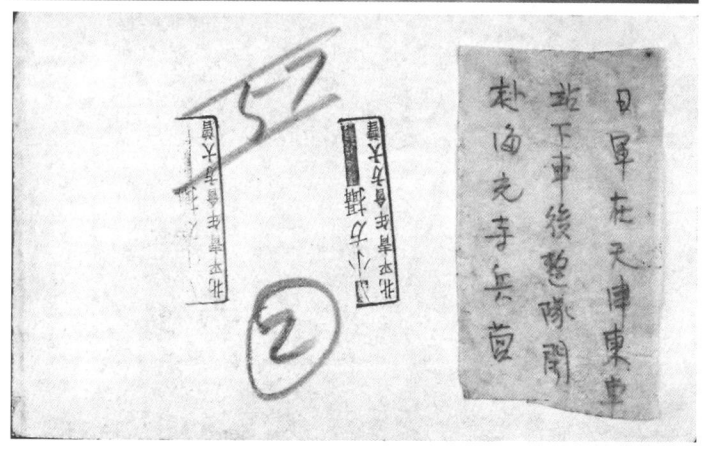

日军在天津东站集结，小方摄影并留下名章

一九三六年年底，我由阳翰笙介绍，在南京《金陵日报》挂了一个"特约记者"的名，又到了北平。这时，方德曾已成了驰骋长城内外，报道救亡爱国事迹的名记者了。他与当时也常写报道文章的长江、徐盈同负盛名。他和我的又一次也是最后一次的合作，是在一九三七年四月间我访问门头沟的时候。那时，我访问了门头沟煤矿以后写的一篇文章，题为《门头沟——"黑"的世界》，发表在上海杂志公司发行的《世界文化》半月刊第一卷第十一期上，文中所附的六幅照片就是小方拍摄的。这之后，他东跑西跑，日无定所，我也就不知他的"去向"了。

抗日战争爆发后，我又遇见了小方的妹妹方澄敏。她也不知她哥哥的"下落"。只听说小方后来终于被日寇逮捕，关在天津什么监狱里，

冯雪松访问范长江夫人沈谱

受尽了折磨,最后被杀害而死!

我一直怀念着这个英俊干练的青年。我一直梦想着有一天小方会突然出现在我的眼前。我对于过早地失去了这样一个年轻轻的伙伴,一个新闻战线上的尖兵,时刻悲痛着,时刻叨念着:他会归来吗?(方殷《破涕而笑》,1979年3月18日)

范长江在《未成功的杰作》中提到小方,"我们一位很有希望的同事方大曾(小方)先生特为此自石家庄赶往保定,欲追随卫立煌部队,为报纸写'永定河上的游击战争'。因为在当时我们的预料中,在永定河上游,内长城青白口一带,如果双方进行大战,是非常雄伟的场面。万分不幸的是卫之远征落了空,而方先生亦因此失去踪迹,至今四年有余,仍然下落不明"(见《范长江新闻文集》第949页)。

2000年9月,在北京的一座普通居民楼里,范长江的夫人沈谱接受了我的访问。沈谱与范长江1940年12月在重庆结婚。对于小方失踪后的情况,沈谱有如下回忆:"方大曾在青年记者里表现得比较突出,所以我们经常谈到他。长江对小方特别欣赏,他对年轻的、抱有崇高新闻理想的人,有特殊的感情。小方不简单,他是一个特别年轻有为的战地记者。长江说小方非常

方大曾拍摄的战地指挥官,因为
貌似,曾被误认为是小方

勇敢,他经常独自深入前线去采访,克服了很多困难,他的通讯很生动,照片很感人。后来听说去采访永定河上游的战斗,再往后就没有消息了。长江曾经到处去打听,当时还抱着是不是去了别的地方的希望,一直打听,打听的时间比较长,随着时间的推移,慢慢地就不抱希望了。解放后,我还在长江那里看到过小方的照片,很年轻,很英俊,也很威武。"

  一个伟大的选手,他迅疾勇猛地

  为自己和别人而战。

  命运设定他

  必逝于荣誉的顶点。

小方战地影存
《兵士的午餐》

这是亨利·卡蒂埃·布勒松对罗伯特·卡帕的咏叹,卡帕的中国同行方大曾同样当之无愧。

作为战地记者,与死神打交道是经常的事情,没有不热爱生命的人,而和揭开真相、传递消息比较起来,生命除了是一个达到目的的工具外,就没有那么重要了,这就是高尚,好的战地记者身上都具备这样用生命当火种的理想。小方在通讯中,也曾经描述过身处炮火和险境的时刻,只不过着墨不多。

匪部当夜把包围的阵势完成,即于十五日早晨下令总攻,首先是七八架飞机和大炮的轰炸,结果把东北角的碉堡炸毁,我们有一位守军阵亡,其他阵地均无变化。当飞机来时,我军都避在战壕中的窑洞里,只留几个哨兵在外,等到飞机去后,就是大炮轰击,继之以攻兵的密集冲锋,这时匪方已将东山坡占据,可以很清楚的看见我们的阵地,红格尔图全镇,均在他们的视野之下了。记者来此视察时,曾亲登东山坡拍摄红镇的全景,并且还可以听到战壕里的说话声。

我军因人少势单,所以枪弹也舍不得乱发,尽管他们如何轰击也不还手,可是当他们的冲锋队爬到离我们的枪口只有五十米远时,才由哨兵发个号令,大家群起射击,机关枪这时发挥了很大的威力,敌人已到我们跟前,既进不得又退不得,几乎全部死在外壕附近和东山坡上。他

小方战地影存
《防空演习》

小方战地影存
《火线集结》

小方战地影存
《运送伤员》

小方战地影存《前方医院》

小方战地影存《生死线上》

们不断的密集冲锋,也正是不断的死亡。(小方《绥东前线视察记·红镇战役的追述》)

回到长辛店,恰为早晨七时,站上员工都避在一个地洞口上,知日军飞机将临轰炸,过了两分钟,沉重的飞机声从东面响过来,数目不多,只有两架,记者避在一个房沿[檐]下面,飞机在头上打旋,忽然,引擎的响声停了一下,飞机好像落了下来,但落下来的却是一个炸弹。距离我二十米远的一座民房破坏了,我沿着墙根走,离开这一个危险地带。不多时候,两架飞机就飞走了。(小方《保定以北》)

"躲飞机,是一种艺术。在相当可靠的飞机洞内,和在毫无设备的半途上,情绪完全不一样。当我们分散的卧在道旁青纱帐内的时候,对于在上面飞行的东西,因为一点可以对抗的工具也没有,只希望不要为它所发现,或者希望它不要把我们做轰炸和扫射的目标。"范长江在《察南退出记》中写道,"空中不断的威胁,耽误了我们不少的行程,本打算赶路走九十里,宿桃花堡,而走了五十里仅到岔道地方,天色已经黄昏,道路已入山谷之沙河床内,人烟稀少,山势荒凉,而同时如土匪探报之恶汉,已发现随于我们的周围,我们只好在岔道住宿,不敢再实行孤身前进的计划。"和方大曾处在相同环境下的范长江继续写道:"刚刚走了约莫一里光景,东北上三架飞机又发现了。一架前行的重型轰炸机,后面跟随着两架双翼轻轰炸机,我们照例下车躲入高粱地内,以为等它们直飞过去,再行出来。谁知飞机到了上空,它们竟打起旋来,一会敌机上的机关枪响了,接着是联珠炮式的,连投了二三十个炸弹!把地面震动得非常利害。机关枪声音在头上响得很密,不知打到什么目标。自己活动一下肢体，又觉不出有伤来。问问附近的同伴，都说没有受伤。侧着头偷看天空的飞机，当机身侧斜时候，上面的人也看得清清楚楚。秋江早预备好一身草绿色的衣服，它是有重大的保护工效，我藏在一件藏青色的雨衣里，始终没有动，希望不要引起敌机的注意。我那时希望如果被敌机打中，我希望炸弹能完全把我炸死，不要被机关枪打伤，因为人生最后不过一死，但如果在如此地方受伤，欲生不得，欲死不能，那就受不了。敌机盘旋了三十分钟左右，才离开这小小的村庄，改而轰炸桃花堡，我们抬头来出了一口气，同伴三人都没有受伤，刚才我们午尖的村庄，恐有些不堪设想了。"1937年9月30日，范长江在上海完成这篇文章的当天，《大公报》刊载了小方最后的文章《平汉线北段的变化》。

范长江在文中提到的孟秋江，在南口战役的时候，和方大曾一同在最前沿采访，并肩战斗，他在《南口迂回线上》的战地描述，他目击的横岭城之战更是让人体会了战争的残酷和悲壮。

八月十五日敌军攻入黄老院阵地，炮火的稠密，与攻南口一样的战法，并且逐步向右翼缺口突进，情况非常严重。师长王万龄先生也到横岭城坐镇，出发时把他的物件，一针之微都嘱勤务兵收拾带走，准备不再回到怀来，他不回怀来的意义有两层，要是把日军打跑了，当然跟踪追击，不幸而失败，则以横岭城为坟墓。

机关枪怎样准确向我军扫射，奋勇的十三军战士，没有一个想到枪弹会打进血肉来，短兵相接时，手榴弹是唯一可以对大炮报复一下的东西，掷手榴弹的战士，虽然一批一批的倒下来，第二批马上又跳出战壕去抵抗。

陆诒怀念小方的文章收录在
回忆录《战地萍踪》里

这样的冲锋，接连三次以后，机关连仅剩一个战斗兵，一个传令兵，一个伙夫了。战斗兵，传令兵把住两挺机关枪，伙夫在中间向左右输送子弹，继续对二千敌军强烈反抗！

太阳照临着整个山谷，这三位作殊死战的英雄，最后含着光荣的微笑，躺在阳光中！

20世纪80年代，卢沟桥事变时同在前线采访的四个战地记者，只剩下了陆诒一个人，当他提起笔回忆方大曾的时候，感慨写道："纪念小方的文章，应由范长江、孟秋江同志来写，比较全面。因为他们早在1936年绥远抗战时，已经在前线相识了。但不幸他们俩都在文化大革命中被迫害致死，这一道义上的责任就落在我的肩上。"后来陆诒写出了《怀念小方》等文章，他对方大曾在前线工作状态的描述，丰富了今天的人们对于小方的感性认识和想象空间。通过拼接陆诒先生的文章片段，一个充满热情的年轻记者一下子来到我们面前：

小方身上挎着一架相机，头戴白色帆布帽，穿着白衬衣和黄短裤，足蹬跑鞋，年少、英俊，显得朝气蓬勃，精力充沛。

车抵良乡车站，距离长辛店还有25里，前线炮声已隐约可闻，小方从座位上跳起来对我说："听，老陆！这是中华民族争取解放的炮声。"他坐不住了，隔了几分钟，又把我拖到车窗旁边，手指青纱帐起的原野说："你看，我们的军队正在向前线开拔！"看到当时的情景，我们确是热血沸腾，兴奋极了！

小方下车后仍沿铁路徒步前进，他笑嘻嘻地对我说："我要去拍下铁甲车在前线参战的镜头！"

隔了两小时，小方从卢沟桥前线回来，他告诉我们："铁甲车已经后撤了。还算不虚此行，我在前线为一个29军青年战士照了相。这位战士只有16岁，高个儿，大眼睛，脸色红润。他身背大刀、步枪，手里拿了日本军官的指挥刀和望远镜，笑得嘴都合不拢来呢。"这时，一颗炮弹正在附近爆炸，小方不屑一顾地对我说："今天收获不小！"

唐师曾在接受我采访时说过，一个好的战地记者注定是孤独的，他以真实为前提，随着事态的发展变换行踪，其目的是追逐有价值的新闻，他是不受任何纪律约束的。

小方被埋没了很多年，即便是在当时也很少有人了解他，相当长的时间，别人只用他的文章和照片，他的工作状态几乎是不为人知的，他独自面对复杂的环境和稍纵即逝的瞬间，他没有畏惧，不怕死，所以他是一个特别伟大的英雄。（冯雪松访问唐师曾，2000年3月）

除却战火考验，采访中自然环境的恶劣，也是年轻方大曾的必修课，他

小方行进中的背影

下煤矿、访纤夫、去工厂、拍牧民，从他留下的照片看，这些呈现在我们眼中的看似平静的瞬间，背后有着多少不平静的辛苦，如果不设身处地，恐怕是难以想象的，单从集宁到陶林的路上就可见一斑。

"灰腾"是个蒙古族文的形容词，译成汉文就是"冷"的意思。连蒙古族人都说这是冷山，自然不能不说是真冷了。到此时，虽然是身穿老羊皮，头戴狐皮帽，脚蹬"哥登咳"（一种俄罗斯式的毡靴），亦不再觉暖和了。行行复行行。穿山、过岭、越冰川，十余里，我们追上一群运货的牛车队，他们正在一个上山盘道挣扎着，车队都停在盘道下面，所有的车夫都合力集中的推着最前面那辆车，帮助这牛把车拉上盘道，直至上面的平路为止，这样一节一辆的就全都能够继续前进了。

我的卫兵身体较弱，又是个第一次到塞北来的南方人，他实在受不过这样的严寒了，时常的下马步行，但逆来北风又使人难以前进。他向我说："我们回去吧！"这时我心里感觉非常难过，为了顾念我的同伴，果真就得向后转吗？我们由土城子出发，现在才只走了两个钟头，如果顺着风向回去，是非常容易的事。我考虑了一下，只好对他说："你的

敖包石刻

身体不行,不可勉强的,你回到王主任那里去吧,我一个人今天一定得赶到陶林,不会遇到什么危险的"。他看我的意志很坚决,随后又咬着牙跟我一同前进了。(小方《从集宁到陶林·冽风中越灰腾梁》)

在陌生的崇山峻岭中,我们并没有领路人,有的只是我的方向鉴别力,在我们越过那段盘山道路之后,就再也遇不到行旅的踪迹,因之,我断定这是走失了正路,我们陷于危险的环境中了。然而我并不着慌,我一面估量着山的形势,一面用眼力寻找"敖包",(蒙古族人为了辨识山路,往往在每个可以通行的山路口上,选定一个适宜的山头,堆起一座高高的石头堆,令人从远处即可望到,指示行旅的道路,这东西就叫作"敖包")。我们慢慢的走,我还常用镇静的态度安慰我的同伴,事到如今也只有镇静才能应付了。

山峰是一个接连一个的,满想走过眼前的峰头那边一定就是平原了,但每次都只有失望!(小方《从集宁到陶林·"敖包"是我们的救星》)

后山的老百姓对于路程的远近观念,向来是很模糊的,比如明明那

《草原上的人们》组照之一

是三十里的路程,他往往非要说是二十里不可,但是有经验的旅行者必然再追问他一下:"这二十里大不大?"他然后才再回答你说:"这二十里可真大,足够三十里远!"

昼长夜短(原文如此)的冬天,下午三、四点之间,已经是夕阳时分了,现在是人饱马足,我们又拜辞了好来沟那唯一的主人。我们已增加了新的勇气,绕过了几座山头,再发现了一个"敖包",走过它去,果然前面是一片平原,村庄也多起来了,西北望去,在黄昏的红光里,摆着一块人烟特别旺盛的地方,那是陶林了!同伴的精神也突然焕发,慢慢的牵着马下了山,当我们到山脚下再骑上马后,就飞快的奔向陶林去。马每当黄昏时分总是喜欢快跑的,因为它也需要着自己的宿地啊。

墨黑里,我们到了目的地,和守城兵答了话,今天的辛苦总算告一段落,在死的挣扎中,我们胜利了。(小方《从集宁到陶林·我们终于胜利了》)

山脚下的牛车队

《旷野上的坚守》组照之一

《旷野上的坚守》组照之二

《旷野上的坚守》组照之三

《旷野上的坚守》组照之四

《草原上的人们》组照之二

《草原上的人们》组照之三

困难还远不止如此，和方大曾几乎同期，时任全民通讯社战地特派记者的苗培时，在接受摄制组访问时回忆道："在前线，最困难的时候，连窝头都吃不上，只能吃发霉的玉米面，吃不下去时，就抹些辣椒末，刺激刺激咽下去，最后消化不了，大便都便不下来，茅房就放一个小棍儿，把大便扒拉下来。这不是很苦吗？但是苦中有乐，总是感到能亲临战斗的第一线是种光荣，尤其是采访到好的消息。"

当然，在外面采访所经历的情形，方大曾并不会讲给妹妹和家里人听，方澄敏只是在帮助哥哥冲洗照片时，从显影过程中发现他镜头下的景物，从通讯报道中了解他笔端的现实。在那时候她还仅仅觉得哥哥是一个能干的人，而在他失踪之后，尤其是随着时间推移，陆续找到小方发表在报刊上更多的照片和通讯后，她才发现那个自己曾经与之赌过气的哥哥，简直就是个了不起的人。

> 他突然失踪了，他的那种消失，几乎是没有声音的消失，用博尔赫斯的比喻，像是水消失在水中一样，无影无踪的那种消失。而后，他曾经生活的这个世界，所对待他的态度，已经完全凝结在方澄敏一个人的身上了，通过她多年来保存的记忆和照片，我们才得以知晓，在三十年代还有这么伟大的一个摄影师。（冯雪松访问余华，2000 年 3 月）

"方大曾的这些摄影作品给了我很强的震动，"《光与影》杂志原执行主编沈小平说，"这种震动，跟我们平时所说的视觉冲击力是不一样的，不是一种夸张和奇异的效果，他的镜头很朴实，震动来自一种朴素的力量，他对所拍摄的对象有一种感情，是一种自然而然的尊重，不管这些人是乞丐，

凿冰取水

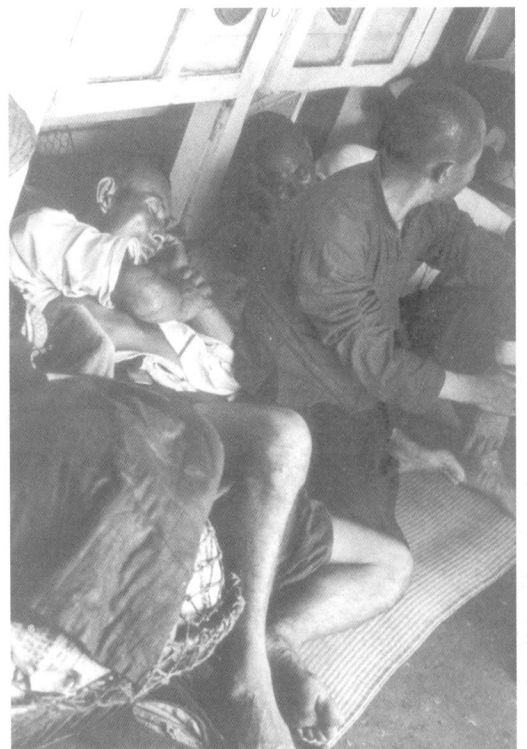
劳工们的午休

粮食

蒙汉官员的庆典合影

黄河上的船夫

背煤工

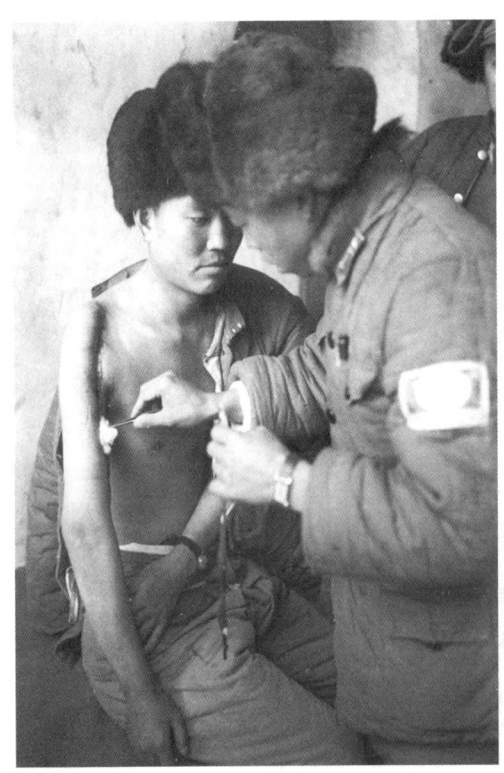

疗伤

战利品

还是光着身子的纤夫、战场上的普通官兵，他都给予一种朴素的爱。他有很多人像，都是没有留下名姓的人，但我们今天仍能看出，这些人的表情，从中可以看出摄影者的交流和尊重，比如北方小孩灿烂的笑，照片之外似乎能听到笑声，非常有感染力。小方的兴趣很广泛，他以摄影的方式，参与关乎民族危亡的抗战，在拍战事变化的时候，他也抽空拍了风光、民情，一方面显示了才华，另一方面看得出，他对于社会关注，对于国家和民族的命运，有着动荡之中，一个年轻人沉重的思考。"

  写这本书的时候，我也在想，方大曾失踪时只有二十五岁，而他留下的作品却如中年人一般的沉稳和成熟，他的观察与思考，为我们了解20世纪30年代提供了详细的说明和珍贵的图本。如果他继续存在的话，完全无法猜想会有什么更惊人的举动，也许，他就是为那个时代而活的，而他的思想和行为又完全超越了时代，即便是以今天的眼光来看，他的观念和思想仍然是光鲜的。其实，纵观历史，不断落后的唯有物质，历久弥新的才是精神。比较之下，今天二十五岁的年轻人，又在想些什么做些什么呢？与青春相连的记忆总是美好的，而与方大曾连接起来又多了几分酸楚，尽管他给我们留下了那么多轻松的文字和生活图景。从知道他到今天，已经十八年了，这些年来，无论我走到哪里，总感觉他如同亲人伴随着我，时而给我激情，时而给我思考和力量，方大曾业已成为我此生挥之不去的一个牵挂。对于这个世界，失去的是一个时代变迁的记录者，对于小方的母亲，失去的却是一个真真切切的儿子，从小方失踪到她离世，时间又经过了三十二个年头，希望又失望，唯有院子里儿子洗照片的灰房子与其相伴，失子之痛随着她一同离开了世界，剪断的是尘缘，剪不断的是思念。

青春的告别

　　小方的外甥张在璇先生在接受我们采访时说,外婆还有个心愿,就是舅舅的灰房子,她说我死了以后,你们用那个木屋给我做一个棺材,她想跟她的儿子永远在一起,但是这个愿望一直没有实现。

十 寻找 以致敬的方式

　　罗伯特·卡帕、方大曾,他们都是有一技之长的硬汉子,他们不屈服于金钱和暴力,就是出于自身的良知,用知识和道德做判断,他们具有同样高尚的品格。在新世纪开始的时候,更需要带着敬意去寻找这种精神,使人们永远不要忘记那些拿着相机深入社会底层的人。

　　——唐师曾(访谈,2000年3月)

2012年2月22日，英国《星期天泰晤士报》（*The Sunday Times*）的美国籍战地记者玛丽·科尔文（Marie Colvin）在采访报道叙利亚政府军炮击霍姆斯市时被炸身亡。过去的三十年里，她报道过科索沃战争、车臣战争、阿拉伯地区的动乱，从斯里兰卡到前南斯拉夫，从伊拉克到利比亚，哪里有战场，哪里就有科尔文，她总是把自己的生命置于危险的边缘，甚至在炮火中失去了一只眼睛。

"如果你没法阻止战争，那你就把战争的真相告诉世界。"这一战地记者永远的格言，方大曾在八十多年前就开始践行了。同为战地记者，虽然相隔半个多世纪，但是相同的思想境界和价值取向，决定了他们共同的目标和理想。科尔文想说的和想做的，也应该是她的前辈方大曾、罗伯特·卡帕等人的愿望。

2010年11月，科尔文作为战地记者的代表，曾在伦敦的圣布莱德教堂发表演讲，纪念在冲突中殉职的记者，并阐述战地报道的重要性。她说，在她当记者的绝大多数时间里，都是一名战地记者，这项工作总有困难，但人们需要来自前线的客观报道。

科尔文说："报道战争意味着前往一个充满混乱、破坏和死亡的地方，试着承受压力目击事实；意味着在军队、部落或恐怖分子的冲突时，在信息的风暴中寻找真相；意味着冒着危险，不仅仅是自身的危险，还有那些和你一起工作的人。"

"我们经常要自问，报道的内容值得你去冒多大的危险？什么是勇敢？什么是虚张声势的勇气？"科尔文说，"报道战争的记者肩负重要的责任，也会面临艰难的选择。战地记者是最危险的职业，在冲突地带，记者就是主要的目标。"

"抬起一只脚,迈出去,每一步都有可能踩到地雷。不知道会不会发生爆炸,这就是所谓的噩梦。很多人可能会问,到底值不值得付出这么多代价?我们能不能带来变化?在我眼睛受伤的时候,我也被问过这样的问题,我那时候的回答是'值得',我现在也会这么回答。"

科尔文认为:"我们的任务就是说出真相。"

六架重轰炸机往南岗洼飞来了……一时散开不及,几个炸弹落了下来,随着又是机关枪的扫射。我们受到相当损失。飞机盘旋了很久,投弹五十余枚,并且飞得很低,我们没有高射的武器,只得被敌人任情的屠杀。(小方《保定以北》)

在小方的通讯中,经常有因为要说出真相,而身处生命边缘的描述,为了目击更为真实的战争,他不惜离炮火近些,再近些,不到万不得已,是绝不会离开的,方大曾是这样,科尔文也是这样。

在科尔文处在悲痛之中的母亲看来,劝说她从战场撤离是徒劳的,"如果你认识我的女儿,你就会明白,她一定会选择留下,她会说,她还要再写一篇新闻稿"。

方大曾的母亲虽没有留下对儿子评价的话语,可想而知,同样作为母亲,面对失子之痛,感受是相同的,不同的是,科尔文的母亲知道女儿的下落,小方不知所终,母亲只能在盼望和失望中生活。

遇袭的前一天,科尔文在Facebook的个人主页上说:"我感到很无助。天气也很冷!但我会继续跟踪报道。"她在发回的最后一次报道中说:"叙利亚霍姆斯城里两万八千名平民,男人、妇女和孩子在炮火中绝望地寻求避

阵地防御

难所,这是我见过的最惨的景象。"

战争是残酷的,无论对八十年前的小方,还是殒命在当下的科尔文,尽管和平的呼声从古至今不绝于耳,但是人们依旧习惯用它来解决争端。战争的输赢是政治家们的事,而饱尝苦果的却是与利益毫不相干的无辜的人。

成为真正战地记者的前提是勇敢和正义,代价是青春和生命,小方似乎一开始就做好了所有准备,从言行到作品,他从事这一职业是顺理成章的事。自1936年绥东前线小方寄来的照片始,家人就对他的安危提心吊胆,唯恐哪一天突然会传来不好的消息。

我寻找方大曾,先是从他神秘失踪引起的好奇,后是因为油生敬意产生的自觉,由于当时条件所限,经费不足,资料缺乏,即便我半年多的工资全部投入,仍是捉襟见肘。纪录片的第一个版本,只是在北京一地拍摄,2000年7月9日,在中央电视台播出后,时长只有三十分钟的片子引来关注,《中国摄影报》《中国青年报》《中国电视报》《财经时报》《中国广播影视》杂志、《凤凰周刊》等都对此做了报道。

63年前,一位抗战时期的战地记者失踪了。63年后的今天,一位导演用一部片子来寻找他,寻找他的故事、他的精神、他充满神秘的消失,这就是纪录片《寻找方大曾》。

冯雪松,中央电视台纪录片导演。曾拍摄过影响一时的《二十世纪中国女性史》,耗时两年半。他形容拍摄完成后的自己的状况时说:"像大病一场似的,太累了"。但碰到了方大曾的选题,还是毫不犹豫充满激情地投入了拍摄。

纪录片《寻找方大曾》拍摄现场（陈申摄）

题为"寻找"，却如何寻找？毕竟他失踪63年了，和方大曾有过关系的人大都已去世，能找到的只是方大曾年轻时代的照片、文章，还有他妹妹——85岁的方澄敏珍藏的他的800多张120底片。隔着63年的历史路向回望去，当年那个有着惊人才华、英俊健康的年轻人又会在今天呈现出什么样的图景？

在中央电视台剪辑室里，我看了这部《寻找方大曾》。片子拍得很美很干净很大气，没有这类片子易走的讨巧、煽情、怀旧的套路，即使是出现不到一分钟的背景镜头，雪松也做过严格考证，他把这当作在浮躁的现实中寻找方大曾精神的过程。

纪录片《寻找方大曾》影碟

寻找 以致敬的方式

雪松的片子中有很多方大曾拍摄的照片，黑白的影像是那个时代鲜活隽永的刻画："……激战前宁静的前线，一个士兵背着上了刺刀的长枪站在掩体里；运送补给品的民夫散漫地走在高山之下；车站前移防的士兵，脸上匆忙的神色显示了他们没有时间去思考自己的命运；寒冷的冬天里，一个死者的断臂如同折断后的枯干树枝，另一个活着的人正在剥去他身上的棉衣……"，这些三十年代的形象和今天的形象有着奇妙的一致，仿佛他们已经从半个多世纪前的120底片中脱颖而出，从他们陈旧的服装和陈旧的城市里脱颖而出，成为了今天的人们。

有个段落深深打动了我：片尾是一组方大曾的照片回放，雪松没有把照片满屏显示，而是借用了幻灯机这一道具。黑白片一张一张从眼前经过，幻灯机一声声"喀喀"地耳边轻响，雪松的这组镜头别具匠心，观众被带入了一种追忆的氛围。组照的最后一张，是年事已高的方澄敏手持方大曾的照片，照片中年轻的他身骑烈马意气风发，方澄敏已是满脸皱纹，眼中含着63年寻不到哥哥的忧伤和仍然坚定的期盼，她仍然相信有一天她的哥哥会推门回来，一如他走的时候。

雪松在我看片子的时候也一直无声地看着，虽然这部片子他肯定每个细节都熟得不能再熟，令我感动的是他眼中仍然充满的激情。他在片子中没有明确表明方大曾是否已经故去，甚至并没有一句和死亡有关的话语。"这里面有我对他的理解"，一种诗意的理解。（王蕾《一个导演对一个失踪战地记者的寻找》，原载于《中国青年报·青年时讯》2000年7月6日）

寻访工作小组

当时的网络还没有像今天这样的发达，平面媒体关注报道的升温，更加肯定了方大曾的价值和我们工作的意义，于是，在多方努力下，寻找这位失踪战地记者之旅得以继续。第一版《寻找方大曾》在中央电视台播出一个月后，2000年8月中旬，为了纪录片的进一步拍摄，我一个人沿着方大曾在通讯中描述的最后路线，从北京到保定、过石家庄、经太原、抵大同，最后落脚蠡县，也就是他1937年9月18日，最后寄出战地通讯《平汉线北段的变化》的地方。

记者为明了我们抗战后方之情形，特自保定沿铁路南下，赴冀南一带视察。关于我方军事配备，得到的印象非常兴奋而愉快，但以秘密关系不便发表，这里只好报告一些零星的情形。（小方《保定以南》）

一路上，几乎没有人知道方大曾是谁，所以寻访是艰苦的，好在经沿路宣讲，培养了不少"小方迷"，经他们的帮助，我对当地的情况有了粗略的了解，尽管这些内容与方大曾的关联不多，但对我们的拍摄仍然是很有帮助的。保定市地方志办公室主任孙进柱曾撰文，对最初寻访小方的过程有详细描述。

8月10日下午5点多，一位身材魁梧的年轻小伙背着一个硕大的包，

冯雪松（左一）在蠡县访问战争亲历者

风尘仆仆地来到我的办公室，原来他就是与我在电话上见过面的，中央电视台纪录片导演冯雪松。他从北京只身乘长途汽车来到保定，没有任何声张，直接从车站打车来找我。他的朴实、平易和富有活力，使我有相见如故的感觉。不用寒暄，谈话直奔主题，此行就是为了找寻方大曾失踪的线索。

雪松仍在迈开寻找的脚步，一路汗水追寻着那颗短暂而却耀眼的流星的轨迹，到保定的第二天，雪松即要前往方大曾最后一篇文章的邮发地——蠡县去采访。经短暂安排，他即登车而去。

到了蠡县，在蠡县地方志办公室及有关单位的协助下，雪松找到了一位抗战初期的亲历者——魏汉民老先生，魏先生向他描述了当时的情景，1937年9月18日那天，县城召开了有两万人参加的纪念国耻抗日动员大会，群情激昂，愤怒声讨日军的侵略行径。如果方大曾此时在蠡县，肯定是参加了这次大会的。不知他的那篇文章是在那一天的什么时候寄出的。魏先生等人还带着雪松看了老邮局的故址和一些有代表性的故地。

在半个多世纪前的方大曾和眼前活生生的雪松的感召下，我不由自主地加入到寻找方大曾的行列。雪松去蠡县后，我找到对保定那段历史

冯雪松（中）访问尤文远（左）和王逸民

了解甚深的尤文远先生，又通过他找到了抗战初期保定周围战争的亲历者王逸民老先生。两位先生都非常热心，表示要倾其所有，把自己所见、所闻、所历提供给记者。

当天下午7时，雪松从蠡县赶回保定，未及休息，即约请尤文远先生进行采访，访谈一直进行到晚上10时方结束。

8月12日上午，我和尤先生随着雪松赶往王逸民老先生家，听王老先生讲述了日本飞机轰炸保定城和日军侵占保定城前后的具体情景。采访完王老先生，我和尤先生带雪松来到保定的旧城区，实地考察与抗日战争时期有关的一些史迹，如古城墙、淮军公所、二中内的慈禧行宫、直隶总督署、大慈阁等。待摄制组再来拍摄时这些可能都会作为拍摄对象，以反映抗战初期的背景。直到下午1时多，我们才就近找了一家小餐馆共进午餐。

雪松谈起，这次寻访虽然很短暂，没有找到方大曾失踪时的确切线索，但也很有收获。《寻找方大曾》摄制组初步计划8月底来保定正式进行采访拍摄。因保定、蠡县一带是抗战时期战斗很激烈的地方，也是方大曾失踪的地方，所以这里将是这部纪录片拍摄的重点。午饭后，雪松说

小河流水

要去石家庄,然后转道太原、大同,沿着当年方大曾走过的路寻访遗踪。我和尤先生要送他,他执意不肯,只得就此分手,他背起硕大的"百宝囊",擦了擦脸上的汗水,风一般匆匆而去。

就在本文即将脱稿之际,我与雪松通了一次电话,他说他正在石家庄采访。这一路走完返京后开始筹划拍摄事宜。他希望能有更多的热心人士加入到寻找方大曾的行列,为拍片提供更多线索和佐证。(孙进柱《加入寻找方大曾的行列》,原载于《保定晚报》2000年8月16、17日)

拍摄此片的目的不仅仅是寻找一个人,而是通过寻找去还原一个真实的、热爱和平与自由的生命。我在拍摄大纲中写过,小方通过自己的目光,抚摸着数十年前国难当头的中国大地,他镜头下展现的景象,是我们了解当时中国社会变化的生动图本。他以个体的高尚品质,为我们确立了一个物质之外的精神世界。纪录片试图依照他的最后旅程解读抗战初期一个人的命运和一个国家的遭遇,与其说我们进行的是一次寻找之旅,不如说是一次致敬之旅。

"这部纪录片名叫《寻找方大曾》,我觉得特别好,"著名战地记者唐师曾在接受访问时说,"罗伯特·卡帕、方大曾,他们都是有一技之长的硬汉子,他们不屈服于金钱和暴力,就是出于自身的良知,用知识和道德做判断,他们具有同样高尚的品格。在新世纪开始的时候,更需要带着敬意去寻找这种精神,使人们永远不要忘记那些拿着相机深入社会底层的人。"

离岸

　　1937年的8月11日,方大曾在保定写了《前线忆北平》一文,文中对北平的陷落深为哀痛。这一天,是日军入城北平的第三天,此刻他离家已近半个月,其间,他奔袭于宛平、长辛店、南口、良乡、保定一带,也有回家里换洗衣裳和补充摄影器材的打算,无奈,所有回去的路都被日军占领,也就只好作罢。他在文中回忆了北平的悠久文化、名胜古迹、善良的人们,"北平是一个宏壮伟丽的文化城,的确我们假如要把他毁在战争中实在是可惜,也许我们之不愿作守城的战争,这也是原因之一个。但是这所以号称文化城的地域,不只在乎有那些'物质文化',而更重要的是在这里头生活着一百五十万有教养的市民,其中三十万学生份子都是由历次的爱国运动中锻炼出来的精华,是全国青年运动的领导者,在我们的民族复兴运动中造出过多少次光荣的历史。尤可贵者是这些光荣的事迹没有一次不是以青年的生命和血换了来的。"

　　从卢沟桥事变后,小方撰写的通讯也有了细微的变化,比较以往,对景物和环境的描写少了,战争引发的议论和感慨多了,对个人命运和处境介绍少了,战争带来的残酷和惨象多了,就是说,他已经把所有的身心全部投入

人力车队

搬运工

到了对战局的关注和对国家命运的忧患,自己的安危则无足重轻了。

  石家庄是个繁华地方,并为正太路之起点,乃通山西之要道,这里的人口自然相当复杂,因之也是便利汉奸的活动地带。(小方《保定以南》)

  记者此次由平汉路转往西部前线,绕道太原,只住了一日的时间,然而这一天,恰恰遇着自芦沟桥事件以后,日本飞机第一次光临太原,所以这一天的太原,则与往日不同了。(小方《从娘子关到雁门关》)

  离大同向正北行,一路沿御河上游而进。铁路线出入于崇山深壑间,这一带风景宜人,依我看来,也许是平绥路上最美丽的一段。它充满了塞北的风光:高朗而伟大。你若是在这样的环境里住上两三天,大概就不会再看得起那山清水秀的南国了。确乎是这样,时到如今,我们的民族再也不需要那温柔幽雅的陶醉,而该有魁伟豪迈的姿态了!江南的朋友们,你们都到这里来吧,不只是这里的风景好,而且是因为这里的疆土需要我们的保卫啊!(小方《从大同到绥远》)

  因为选择了与当年的同一个季节,沿路上,我拍摄了许多照片作参照,田野、青纱帐和途中景象,在相似的环境中体悟相似的心情,想必六十多年前,小方也是在这种环境中进行战地采访的,不过当时的氛围是紧张的,炮火把一切都变得满目疮痍了。

  方大曾失踪多年后,谁也没有发现能够找到这位战地记者的一线希望,随着他消失的时间越来越久远,人们关于他是如何消失的猜测就越来越多。"纪录片和历史所描述的对象是人和事,并最终归结为人,因而他们无论在纪录过程中还是被理解和接受过程中,都应该或必须有情感的负载,从这个

摄影师马东戈(右)、杨京晶对《寻找方大曾》的影像表达贡献不小（冯雪松摄）

意义上说，纪录片和历史需要一种表现性的诗的语言"。小方离我们过于久远，除了文字和图片，没有半秒钟的活动影像，这就需要我们用镜头去调度，用资料去补充，用头脑去思考，用情感去把握，既要有那个时代背景的真实轮廓，也要通过小方的描述与之建立关系和坐标，通过影像的表现手段，让观赏者感知在如此环境下，主人公的境遇与选择，这个过程是带着敬意的发掘，也是满怀期待的重现，比如拍摄重新洗印放大底片，老底片通过放大机折射相纸，在药水的浸泡中，图像隐约显现，我们把这视为观众与小方对话，与旧的时代联通关系。

数月来，我们的摄制组几乎追踪了关于小方失踪的种种传闻，在调查了各种推测和他留下的战地通讯后，追逐着他的踪迹来到了石家庄。

当我们在河北省博物馆拍摄时，展览已经停止了，这并不是因为拍摄的缘故，而是眼下它要承接一个大的商贸展览。这之后，陈列了近二十年的展板将全部更新。

陈旧的展板和发黄的历史照片已经贴合混淆，布展的方式带有 20 世纪 80

河北省博物馆（冯雪松摄）

展馆里有许多小方拍的照片，讲解员却说不出作者的名字（冯雪松摄）

年代计划经济的味道，与街上的熙熙攘攘相比，这里显得太过冷清，太过寂寞了。空旷的大厅里没有观众，也看不到工作人员，唯有一段段的历史在这无声无息中显得不知所措。

展出多年之后，这些讲解员也说不出作者名字的战地照片，是方大曾1937年7月10日上午，在卢沟桥前线拍摄的，也是小方在战事开端后，第一次采访的成果，自北平的家里冲扩后寄往上海的，并以《抗战图存》《卫国捐躯》为题发表在同年7、8月间的《良友》《世界知识》《美术生活》等杂志上，和长篇通讯《芦沟桥抗战记》一同成为公众在第一时间了解战事发端的重要报道。从这些硝烟洗礼过的图文弥散开来，方大曾的名字为人熟知，当时，许多人连续购买《大公报》《申报》，也是希望由此通过小方的图片和报道，了解战局的变化和前线的情况。

1937年8月底，经过短暂休息，身为《大公报》战地记者的小方又从石家庄转车踏上了西去的旅途，他要经太原到大同，与先期到达的范长江等人会合。在通讯《从娘子关到雁门关》中，他对自己的一路见闻和时局分析做

沿平汉线拍摄（冯雪松摄）

了详实的记述。

纪录片大师伊文思认为，重现现场给纪录片的摄制引入了一个非常主观和个人的因素；导演的正直，他对真实的理解和态度，他传出主体的基本真理的意志，他对观众责任感的理解，如果不包括这些所谓的主观因素，纪录片的定义就是不完整的。

我们在拍摄当中，使用了一些表现的手法，比如联系小方和外部的环境，当时还用了很多纪录式的扮演，用一些扮演来弥补和丰富镜头上的不足，也就是重现现场。这种方法，我在担任大型纪录片《二十世纪中国女性史》总编导时，就和摄影师、美工等一起合作，进行了大量的实验和探索，当时还曾为是否违背纪录的真实有过争论。现在，无论国内、国外都在纪录片中大量使用这种简单有效，参与而不干预，介入而不进入的表达方式，目的是弥补画面信息量不足以及演示展现，使受众更加直观地了解所发生的一切。在策划的时候要明确一些手法的运用，让小方在什么样的环境里浮现，是经过考虑和合理设计的，再现的镜头要慎用，要精到，要准确，否则喧宾夺主，不伦不类。

工作中，我们还是使用了一些道具，用得比较多就是绿色的相框，用来展现小方的个人照片。为什么不用黑色？这是我们有意的选择，绿色是年轻

小方是方澄敏和丈夫晚年的精神寄托（张在璇摄）

的颜色、是希望的颜色，也是我们对他表达敬意的颜色，小方在《从娘子关到雁门关》中曾写过，离雁门关几里之遥，很遗憾没有去凭吊，我们就把他的镶在绿色相框里的照片，挂在黄昏的雁门关城头。

在介绍小方作品的时候，我们没有一张一张展现，而用放幻灯片的形式来处理。希望通过影像还原那个年代的环境氛围，用最先进的幻灯机去播放一些老照片，在时空上获得一种内在的交流。其实，我们不仅仅是找这样一个人，更重要的是找一种精神，寻找本身也是追溯自己动力之源的一个过程，寻找小方的时候，我觉得也是在找寻自己，只不过是以隔空对话的方式，进行着比照与自省。

方澄敏在银行退休以后的二十多年里，她的主要工作是整理方大曾的照片和文章，并完整地保存着哥哥留下的近千张底片。她期待这些作品能够重新问世，让人们看到曾经存在过的年代，更希望哥哥的消息浮出水面，为了纪念也为了寻找。

对于方澄敏的拍摄，似乎是老天开了一个玩笑。在采访初期，我曾经和陈申先生一起拜访过她，她是我整个寻访过程中，唯一见过小方的人，很健谈，并相约纪录片开拍后，一定来家里访问，由她来作为主述人给大家讲哥哥的故事。

就在约好拍摄时间的前一周,我得知,方澄敏由于中风住进了医院。两个月之后,当我再次见到的时候,她仿佛一下子老了许多,坐在轮椅里,无法言语。看到我的瞬间,老人眼里满含泪花,像一个受了委屈的孩子。我知道,此时,她的脑子里清楚极了。

拍摄小方留下的底片时,我们选择了让她回避的方式,面对一个风烛残年的老人,尽量不让她因情绪波动影响了身体。在关键的时候,也就是为了拍摄,她必须接触底片的时候,我和摄影师马东戈商量,把每个镜头设计好,尽量减到最少,力求一次性完成。当方澄敏拿起哥哥留下的底片,在阳光下仔细端详时,拍摄现场一片安静,谁都怕打扰这相隔了几十年的兄妹"重逢"。

我们曾经试图在东单大街寻找小方那个时代的踪影,也曾经给人们最后见到他的地方发去信函,我们得到的是无声的回答,像沉默的小方一样,一如水消失在了水中,无影无踪。

纪录片《寻找方大曾》播出后,方澄敏女士通过陈申先生辗转表达了谢意,我想,这是对摄制组和一路上热心相助人的最好的褒奖,因为这一肯定,同样可以代表小方,也是给了我们这些后辈的充满敬意寻找的一个最满意的答案。

十一 几乎触碰到的气息

真没想到,小方的家离我的工作单位仅一箭之地,若采用测绘方法测量,直线距离在500米之内。小院坐落在协和胡同的转弯处,房屋的建筑格局很不规范,远不及北京四合院的严谨和讲究,但是却显得古朴、幽静,似乎像房产的主人一样保持着传统和与世无争的平民特色,可以断定,过去是个殷实的家庭。

——陈 申《半个世纪的搜索》

北京，东单北大街，一幢灰色的三层建筑，它的南侧是闻名全国的协和医院，北侧是繁华的金宝街，处在周遭的环境包围之中，老建筑明显不合时宜，虽处闹市，却显得过于安静了，而在20世纪初，刚建成的时候，它还曾有过方圆数里为此独尊的荣光。这座小灰楼是当年北平基督教青年会的旧址，马路对面的东堂子胡同，就是通往方大曾家所在的协和胡同的必经之路。少年时，方大曾经常到青年会玩耍，1936年，他从天津基督教青年会转此工作，职务是青年会少年部干事。据方澄敏回忆，由于他为人谦和有礼，人缘极佳，无论长幼都喜欢他，而他的热心助人、无私奉献精神更使人印象深刻，因此深受少年部主任高尚仁的推崇，给他每月六十块大洋的薪俸，而在当时，一般的职员只有二十块。期间，他协助高尚仁处理会内事物，还带领青年到西山等地组织夏令营，开展丰富多彩的活动，同时还受邀担任几家杂志的特约记者。从当时发表的文章里可知，他的工作热情高涨，服务社会的行为更加自觉。

我们的灾区服务与一般的慈善团体是不同的，一般慈善团体只是单纯的在人道立场上去做，我们则不只是救济他们，而更要告诉他们所以弄到这步田地的原因，和怎样解除这种痛苦的方法。学联会的灾区服务，是积极的，要藉着救灾而达到宣传与组织农民的目的。

……

每个团员都要熟习这次的"工作大纲"，而在"工作大纲"中第一行就写着："本团服务灾区，同时实施调查日军演习情形，救济被灾农民，宣传并组织农民。这次服务的目的有三点：一、将这次日军演习的暴行详细调查，广播到全国各地。二、这次近郊民众正遭受了日军直接

北平學生的災區服務（北平特約通信） 小方

北平四郊今年遭受旱災，多處非常急迫許多慈善團體都活動起來，不過這照例是年年都有的情形，不過在今年情形是比從前不同了，因為農民們本來正被旱災弄得飢寒交迫之餘，那知又來了一個「日軍大演習」這次「演習」以外大批的田莊菜園被踐踏，他們的房舍被無代價的強佔做具被毀壞他們還要強非常沮喪照這樣照例是從事救濟工作的……

北平四郊今年的旱災中第一行就寫着：「本團服務災區同時實施調查日軍演習情形救濟被災農民宣傳遊組織農民這次服務的目的有三點：一、將這次日軍演習的暴行詳細直接廣播到全國各地；二、這次近郊災眾正遭受之三軍實施自我教育和迫害時候更是組織民眾的絕好機會三、調查糾領和組織網領這樣看來這次的災區服務運動實質在是一個即景應時的救亡宣傳。

十一月八日清晨全市有三千個青年學生荷着放賬的破衣帶施拾的標語包括五十七個學校郊外除了幾個學校本來就在城外的以外在城內的學生們的集合行動方式是以每大隊為單位的自行車隊分佈在四郊各處一共有十二隊其餘的團體分隊長率時集合之後先出隊集合準時到達報告工作程序然後再分爲若干小隊每小隊五六人不等於是公安局方面去按所指定的若干某一指定村落集合一個處所集合時每大批的學生集合起來爲了避免出城時的阻撓都要零散亂的走到城外而在某一指定村落集合行動……

校外設有幾個學校本來就在城外的以外在城內的學生們集合自己的工作程序然後再分爲若干小隊長率時到達報告工作…各大隊準時集合之後先出隊集合準時到達報告工作程序然後再分爲若干小隊每小隊五六人不等於是公安局方面知道這裏有大批的學生集合時…

村莊裏去實地工作……

記者參加在東郊區一個小隊裏農村裏充滿了荒涼破落的景象企圖梁招集十個人以上的羣衆會議是不可能的，我們只有在田裏向農一定的方向走着我們服務每個宣傳的機會只要一遇到人，我們一定要訣不放棄每個宣傳的機會談談並給他們發說法和他們所準備的印刷品如果對方是不識字的，就喚叫他再傳達給識字人去看。

農民們非常親切的聽這位宣傳員演講他們對於目前的政治形勢農民們的見解一點也不落後這後他們反倒興奮起來了！他們的答語是「XX婆XX來了我們都殺」「XX破地了，他是不是我們都殺」也有一位農夫說「XX來了我們都殺」……假若我們都死，沒有人給他們他們使用他們的牛馬」又有一位農夫說「XX也叫我們好好的把他們的牛馬給他不住，他的走私貨物都要給我我們好好的把……我們好的話是『XX帝國主義的奴隸我們也看到了XX來了他要殺要……」忽然有一個農婦接着一個叫起來一個問題說『那麼XX要叫我們女人去幹什麼呢！』

又一我們同志接着說『XX帝國主義要殺死這位服務員們講話立即興趣與迫切的組織起來的熱烈興趣與迫切的組織起來他對這位服務員應該給農民人口的奴隸要看在XX帝主要的勞苦大衆作依靠我們的奴隸他暗示出XX帝國主義必要首先打自己同胞』。

發了一個問題那麼XX要叫我們女人去幹什麼呢！』又一位我們同志又打自己同胞。去當兵痛着XX打自己同胞。

他們接過這位服務團的各式各樣的宣傳品都非常的高興他們說從未看到過這樣好的東西廣播到自己的鄉村裏民族解放鬥爭的意識與當地學生自身有很大好處之點。

服務團因農民們的了解方面他們會比學生更進步更清楚，在某種程度上一點的在下午三時左右即已返校，服務團因爲路程不肯因爲此五道成績與愉快的工作，在某種程度上一點的當工作完畢時已是萬家燈火時候了。

在各校徵求同學報名然後組織一個災區服務隊總部下分爲四個小團每團包括兩個或三個大隊大隊。

部又分爲若干小隊本來預定在本月七日（星期六）早晨出發並在災區住宿一夜次日再行返校但因爲大多數參加的同學都不願犧牲星期六這一天的課程所以又決議改爲八日（星期日）黎明出發當晚返校並把星期六下午的工夫用作爲災民募捐和準備的時間。

每個團員都要熟習這次的「工作大綱」而在「工作……

剛種工作聯合起來因爲日軍演習所佔的土地，也就是救濟農民的旱災，所以我們應該從這個原則上出發，這個原則上去毀。

農民所蔓延的災區所蒙受的災區服務在我們服務所佔的地帶是這次日軍秋操所佔的地帶。

救濟團體只是單純的在人道立場上去做我們則不同。

一般的慈善團體是不同的，一般的慈善團體只是單純的在人道立場上去做我們則不同。

他們的災區服務與一般的。

青年赈灾服务间歇

威胁和迫害的时候,更是组织民众的绝好机会。三、实施自我教育。"此外在"工作大纲"上,还详细的指出调查纲领、宣传纲领、和组织纲领。这样看来,这次的灾区服务运动,实在是一个即景应时的救亡宣传。

十一月八日清晨,全市有三千个青年学生,荷着放赈的破衣,带着施舍的粮米,并且还有大批为宣传救亡而用的传单标语等。这三千个同学,包括五十七个学校单位,他们被分作若干个细胞集团,散布在北平的四郊。除了几个学校本来就在城外的以外,在城内的学生,为了避免出城时的阻挠,都零星散乱的走到郊外,而在指定地点集合。行动方式,是以每大队为一个单位,而在一个处所集合,人数约二百左右,这样二百人一队的团体分布在四郊各处一共有十一队,此外还有三个自行车队,是为着要到较远地方去工作的。(小方《北平学生的灾区服务》)

这篇特约通讯,是小方为青年会组织的一次活动撰写的,发表在《生活星期刊》上,由此而知,学生们在赈灾服务的同时,另一项主要任务是鼓动民众,积极参与爱国救亡,从他的描述中可见,一是日军的军事行动愈演愈烈,国家和民族已经到了最危险的时候;二是小方热情参与、积极报道,在危难面前,他绝对不会选择做一个旁观者。

　　在基督教青年会拍摄时,旧楼梯、天花板,还是从前的老格局,也就是说,当年的小方和现在的我们同处在一个环境中。我们走过的楼梯是他走过的,我们仰望的天花板,也许曾经是他凝望过的,我们推开的某一个房门,里面说不定就是他办公的房间,有一种感觉被无形的气息牵挂着,小方在那一边,我们在这一边,能够感知他,却看不见,摸不着,或许吧,是时间的魔法,让我们可以意会,却无法触碰彼此,可以抚摸同一件东西,却不能相互握手,同一面镜子,昨天照过他,今天照着我,却不能相互见面,这没法跨越的障碍叫无奈。

　　同样的感觉,出现在我们拍摄方大曾留下的皮箱和底片时,方澄敏将棕色的皮箱打开,淡淡的樟脑丸味道隐隐散开,斑驳的痕迹一定是旅途中的恩赐,但不知哪一竖来自绥远、集宁、兴和、大同,哪一横来自天津、保定、太原、石家庄。箱子是他的随身之物,存放衣物,也存放照相器材,里面还有一小块墨迹,说明他除此以外,还携带着纸笔和墨水,小方的痕迹和小方的味道,让我们在接触这只旅行箱的第一时间,迅速地靠近了他。

　　2013年11月我再次进入协和胡同10号,院中一棵老国槐树枝丫繁茂地生长着,这是小方一家在此居住的唯一见证。2007年,它已被北京市园林绿化局评定为二级古树,编号11010100905,根据等级推测,树龄应该在三百年以上。那是我们拍摄多年后的事,或许这一无意中的保护性举动,才得以让

小方旅行时使用的皮箱（现存于保定方大曾纪念室）

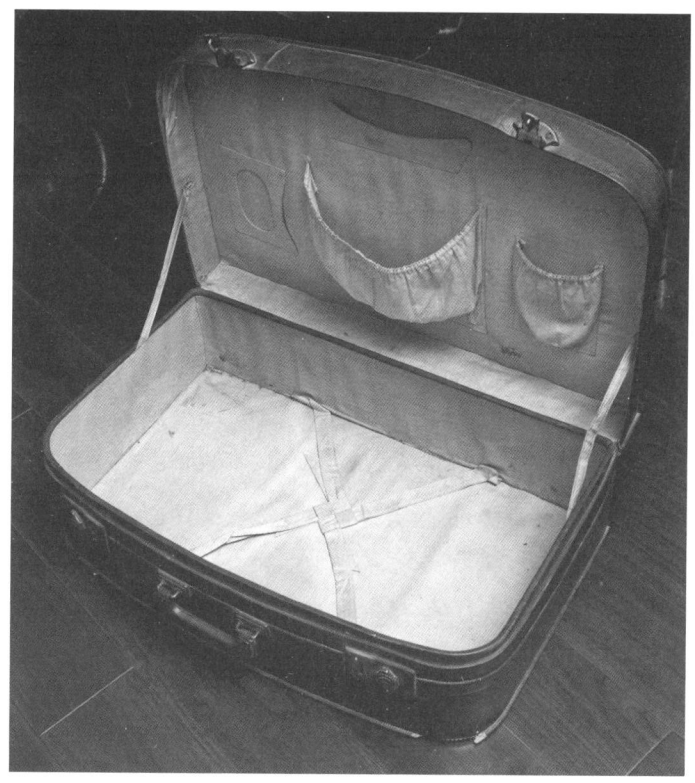

小方旅行时使用的皮箱（现存于保定方大曾纪念室）

方大曾故居院中的国槐树依然枝繁叶茂（冯雪松摄）

小方与今天的世界没有隔绝了关系。

当年在这个院子里，摄影师马东戈设计了一组镜头。当时方澄敏一家已经搬离了协和胡同，房子已被新主人略做翻修，屋主人从树干上引过一根铁丝做晾衣之用。马东戈把我们事先用镜框镶好的小方照片挂在上面，按年纪排列，镜头一路摇过去，似乎让观众看到了，青年小方在这个院子里从小到大的成长经过。这个镜头的表现力非常强，给纪录片添彩不少，由此，我们不时在想，曾经有多少方家的故事长进了这棵大树的年轮？

在小方出门必经的胡同，我们把他的照片悬挂在陈旧的墙上，黑白片在灰墙的映衬下，立刻有了勃勃的生动气息，小方的校园留影、自家院中休闲、旅途中的纪念，还有气宇轩昂跃马前方，而在画面的尽头，悬挂着三个木纹本色的空相框，表达着方大曾失踪后留下的未知，表达着生命中难以割舍的省略，还表达着他对未完成状态的种种遗憾，比如当年小方在《从娘子关到雁门关》中所写的未能登临雁门雄关的遗憾。

同蒲路北段客车还是只通到原平镇，出雁门关还是以坐汽车为惟一的好办法，太原到大同的公路，百分之七十都是和铁路平行的，因之坐

2000年纪录片《寻找方大曾》剧组在协和胡同拍摄（冯雪松摄）

着汽车也可以视察同蒲路北段修建的情形。

　　雁门关的险阻，使同蒲路难以穿过，所以现在同蒲路的路线，从原平起就与汽车路分歧，绕道西面的杨方口以通过这雁门关山脉，直到雁门关外的岱岳镇，又复与汽车路会合起来。汽车路的全程为六百二十华里，我们早四点钟从太原动身，到阳明堡打尖，人也吃饱了，车也加足了油，然后就开始爬上雁门关这伟大的前程。所认为遗憾的是汽车路迂回着从雁门关的西侧绕过，相隔尚有八里之遥，而不能领略到雁门关的胜景了。

　　雁门关以外，算作是晋北地带，实际上若以自然地理来划分山西的省境，那样她的北边当可以雁门关为界，正如其东面之以娘子关为屏障一样。晋北与察南均为桑干河流域，当属同一地带。军事地理往往和自然地理有很大的关系，目前的抗日战争，我们的第一线已从张家口、南口退下来，即战场已由察南移入晋北。察南与晋北原无地理上的分界，因之这一个战场的深入，于我们战略上的问题实在相关的严重，如果我们不能用"我们的血肉筑成我们新的长城"，我们就实难确保晋北，晋北要发生问题，绥远防线也就孤立起来了。如果没有决心向敌人反攻过去，以致使晋北沦为察北第二,雁门关变成张家口的替身,……这虽然只是一桩胡思乱想的事,但是许多事实综合起来,使我们又不得这么想:这个时期实在是严重得很了,西战场的风云,暴露了我们政治机构上的许多问题,这个大时代的到临,每一个民众当认清了自己的任务,自己的力量,要自己起来救自己。在长远的抗日军事中,所能把握着最后胜利的,还得依靠民众自己的力量。(小方《从娘子关到雁门关》)

2000年9月28日,纪录片《寻找方大曾》摄制组驱车百里山路,绕道而行,将一路带着的小方的照片悬挂在雁门关的城头,以了却他当年的未曾登临的遗憾,天向黄昏,山谷寂静,谁也不愿意打扰这时隔了六十三年的相遇。

《从娘子关到雁门关》一文是小方1937年9月4日,与范长江等人在大同会合后,写作完成寄给上海《大公报》的。这是他第二次来山西,也是他第二次到大同。

据摄影史家吴群回忆,小方第一次来山西采访摄影,是1936年下半年前往绥东报道抗战,拍摄塞上风云的时候。他往返都在晋北地区停留,特别对大同的政治经济、军事形势及人民生活状况,做了翔实的采访报道。他在当年6月、7月邹韬奋主编的香港《生活日报》上,首先发表了两篇观察锐敏,颇有风采的山西旅行通讯(连载):其一是《从张垣至大同》,内分"围着火炉吃西瓜""公道为立省之本""学生倒也还自由""好人地界的春联""当铺也发行纸币""汇款外省真困难""阎老先生的算盘""戒烟药就是鸦片""平绥路上粤人多""类似扬州的大同""山西到底穷不穷""原来是藏富于省""工商业大都官营""阎氏的土地村有""大同妇女喜瞭街"等十五节;其二是《晋北煤业现状》,内分"产量""运输""工资""销路""结论"等节,

登临雁门关（马东戈摄）

烽烟散尽关山在（冯雪松摄）

今日雁门关（冯雪松摄）

《黄河上的船夫》刊载于《生活星期刊》

《中国最大的富源——煤》刊载于《生活星期刊》

把在晋北形形色色的见闻，都一股脑地献给中外读者。接着，在上海《生活星期刊》一卷十九号，他同时发表了两组专题摄影报道：其一是摄于晋、绥黄河边上的《黄河上的船夫——中国劳工的一个模型》（六幅）；其二是摄于大同口泉矿区的《中国最大的富源——煤》；照片造型优美，表现有力，他把镜头对准中国的劳苦大众，位于激流中和地底下的船工、矿工，对他们的实际生活境况，表示极大的关怀与同情。

小方1936年在晋绥等地拍摄的数百张底片资料，其中一部分是在大同市及云冈、口泉等地拍摄的，有一些是没有发表过的佳作，如《母女碎煤工》（又名《她们在停煤场作打煤的工作》），是摄于口泉煤矿的人物特写，它显示当年晋北赤贫地带的小女孩，连一条遮身的裤子也没有，小小年纪就要手拿铁锤，肩背水壶，跟母亲到煤场去做砸煤工。这是解放前晋北煤矿工人苦难生活的真实写照，如今，它仍富有历史纪实性和形象感染力，它真实地再现了数十年前的悲惨景象，时刻提醒着人们永远不要忘记历史。

摄制组在大同工作时，云冈也是我们拍摄的主要地点，石窟位于大同市以西十六公里处的武周山南麓。方大曾从大同到绥远时，曾在此处停留。第20窟，是高13.7米的释迦坐像，这尊像面部丰满，两肩宽厚，造型雄伟，气魄雄浑，是石窟雕刻艺术的代表作，也是云冈的标志。拍摄之余，我们分别在释迦牟尼像前留了影。事有凑巧，就在我写作这本书的时候，收到小方的外甥张在璇先生发自成都的邮件，内容大多是小方卢沟桥事变前拍摄的作品，整理图片时，我忽然看见云冈释迦盘坐的腿上，竟有一个熟悉的身影，细一看就是小方，照片是他的自拍像，右手插兜，背包斜挎，旁边还挂着一个饮

口泉矿上的碎煤工

1936年云冈石窟前的小方　　　　　　2000年云冈石窟前的我

水用的搪瓷缸，一身旅途中的装扮。这一发现真让人激动，细看我当年的留影，与他所在的位置，相隔不过数十米，如此之近，是偶然还是巧合？是点拨还是指引？不由得让人心生感慨，正是：同在佛陀下，生死两茫然；慈悲追随苦，冥牵告平安；时空有远近，无缘岂相干？相隔数十载，未见心不甘！

小方与溪映等人到大同，范长江在《忆小方》中曾写过："我们与秋江四人在轰炸中的大同城内商议日后的工作计划。战局紧急时，我们所住的大同招待所白天已没有食物供给，我们经常在城墙边防空洞旁写文章。"

据《中共雁北地区历史大事记述》中记载，9月初，牺盟会大同中心区在小南头村召开了各县特派员会议，经过充分酝酿讨论，会议决定继续宣传和发动群众，坚持抗日战争。《大公报》记者范长江一行应邀参加了会议。

大同永泰街

    时任牺盟会特派员屈健回忆,在大同南郊水泊寺乡小南头村的观音庙中,范长江等人和大家进行了座谈,介绍当前抗战形势,对日军的进一步行动进行分析,号召大家拿起武器保家卫国。在屈健的印象中,与范长江同来的有三四个人,其中有一个挎着相机的年轻人,精力充沛、活跃,很有礼貌,只是年代久远,他不记得这个人的名字了。

    2000年的夏天,在我们面前,小南头村的观音庙已是残垣断壁,当年院落的围合格局还看得出,从前的模样却无处追寻,几根枯树躯干支棱着伸向天空,新的村庄远离了这里,观音庙成了名副其实的历史的后院。我不敢确定,屈健记忆里的"挎着相机的年轻人"就是小方,但是我相信,倘有一线可能,就要尽百分力量寻找。拍摄至此,除了一片残旧的废墟,再无回响,黄土掩

大同南郊水泊寺乡(冯雪松摄)

小南头村里觅"方"踪(冯雪松摄)

盖了历史，也掩盖了一代人。访问数年后，在水利部任职多年的屈健先生辞世，享年一百岁，这一次，他连回忆都带走了，此后小南头村的往事，或许再没有人能够说得清了。

方大曾前后两次到大同，第一次是由此路过去绥远，这一次则是短暂休整再去前线，前后两次，局势和外部环境都发生了改变，心境也发生了变化，小方的文字也有了明显的不同，战争的阴云下，这个二十五岁的青年似乎更加理性，更加成熟了。

战争催人老，若不是被迫不得已的纷争所扰，我们应该会感受到更多小方轻快的笔调和松弛的气息。

在卓资山的小店里，也是记者此次旅行中最有趣的一段。这里不妨将经过详细地述来，给读者一个关于绥远下层民众的生活之剪影。

这店里并没有单间房，只有一间大炕，进了房门仅有一小方的地盘，占全屋六分之一的面积，其余均属大炕的领域。在这小小地盘内，还包括了两座风灶，旁边堆积着马粪，那是风灶的燃料。

我们一炕上有十八个人，烟灯倒有四盏。除去几位不抽烟的外，都三两成群地围着这"星星之火"，在大过其瘾。记者问他们："你们都是干么的？"

"咳！我们都是受苦的。"原来这地方把卖力气为生的都名为"受苦的"。确乎，世界上有两种人，一种是享福的，一种是受苦的。

"你们都受什么苦啊？"记者问。

"我是给烟地里挑水的。"为了面子关系，今年沿铁路前地方不准种烟,所以烟地都在铁路线三四里外。烟地需要丰足的水量,但天旱不雨,更因为它的收成宝贵,所以不惜重资来雇人从卓资山往地里挑水灌溉。他们这些"受苦者"之中,还有几位是从别处徒步往绥远城去的过路者,有几位是作泥水匠的,总之,都是离开了家乡的流浪农民。

"你们一天挣多少钱?"

"一毛多钱!"他们这一毛多钱,只是工资,由雇主管饭。

"一天抽多少大烟?"

"一毛来钱!"他们所有的收入,除去几个铜子的店钱之外,就全部消耗在鸦片上。鸦片公开,本来是寓禁于征的意思,然而这东西比不了别的消耗品,因为它有特殊的诱惑性,寓禁于征的策略,非但不能生效,反足以纵其堕落。可惜我们的统治者正依着这个来维持其军政的开支。假设有这一天,我们全国的瘾士都举行了"罢抽",大概这也是一种有力量的反抗与示威吧!记者希望我们不要忽略了民众的戒烟运动,这也是民族解放运动中一个不可轻视的工作。因为这毒害已深入我们广大的西北劳苦大众之中。

同店的一位客人,他是从乡里到卓资山来的卖闺女的,据说快成交了,大约七十块钱。这孩子才十四岁,晋绥一带女人比男人值钱,这也是一件特别的风俗。

他们问记者是干什么的,记者答以是照相的。又问多少钱照一张,记者答说不要钱。他们很高兴,于是就借着黑暗的油灯,替他们拍了两张"吸烟图"。过后,我们就越发亲热而畅谈起来了。(小方《从大同

到绥远·一个大炕四盏烟灯》)

拍摄中的困难可想而知,在寻找过程当中资料的匮乏,每每有一点线索,刚感觉要触摸到他,但是一伸出手马上觉得遥不可及,这是我遇到最大的难题。在寻找过程中,我和摄制组做了大量细致的工作,案头工作做得非常充分,随后,我对这些资料和线索进行再度"创作",这个创作是带引号的,作为纪录片来讲,总是希望用白描手法来完成这个过程,随着人物的命运和事件走,不干预,不参与。

有一段时间我几乎是在北图过刊库度过的,查阅了《世界知识》《妇女生活杂志》《良友杂志》《美术生活》等杂志,这些都是当时小方经常供稿的一些刊物。我们从这里入手,由寻找那个时代开始,一点一滴接近小方,通过只言片语拼接完成生动鲜活的形象。在那个有着发霉味道的书库里,收获比较大,包括小方拍的一些前线的照片,还有抗战之前拍的一些民风民俗的图片,通过这些慢慢地感受着他曾经的存在。

从"接触"小方的感受上来讲,我觉得他是一个具有非常高尚情操的青年,所谓高尚体现在他的思想当中没有党派这样的东西,完全是一种民本的、人本的思想,比如,他在拍摄一些贫苦老百姓的照片里面,你感觉得到,从他的拍摄对象神态的自然、自如来看,小方跟他们是完全平等的姿态。布列松说,一个人在拍照片时,必须心眼并用。要想尽一切办法对你所拍摄的对象进行了解。只有深刻地了解,才能对生活产生应有的敏感,才能抓住事物的本质,才能把主题表现得非常清楚,非常真实。如果方大曾没有经过思考,以居高临下的态度对待被拍摄对象,不会得到和谐的画面和自然的状态。我们可以通过被拍摄对象脸上的表情去感受他的心情,通过"读脸"的过程去接近他,

采风途中的小方

丰台火车站

反观他，这也是社会学中田野调查的方式。

我们类似在故纸堆里考古，然后一点点拼接，电视作为形象的媒体，不同于平面媒体，平面媒体完全可以靠想象、文字来描述来完成，而流动的纪实影像，必须具备合理的真实。在这个过程中拍摄的被采访对象大概有几十个，所拍摄的资料可能要远远多于所采用的，因为在片子整个的拍摄过程中，既要有小方生命的"形象"，同时我还希望让观众知道，是什么样的一种环境在影响着小方，他为什么要去拍这个东西。一个力图重现的纪录片，同时还要有国际的背景及当时国内的环境，在此情况下，给小方的心理上会有什么样的影响，才导致他的旅途的更改和行为的转变，所以我们在寻找过程当中，如果说难，就是难在气息的把握上。

从北平到丰台，如乘北宁路火车，须二十分钟可达，路程三十余华里，但若徒步走，则自永定门起，只二十华里即到，记者为便于观察沿途情形，故步行。

永定门外大火车站的南道旁，有二十九军的营房，从此沿铁路西南行，两旁都是一丛丛的苇田，"秋忙"时节已经过去了，农村里显着非常的冷静，不过越往南行，菜园子就越渐多了，直到丰台附近为止，这一带的村庄，几乎全以种菜为重要的农业，此外如花草也是丰台特产之一。

过柳村为平绥路与北宁路分道之路，平绥路本以丰台为起点，与北宁路并行至柳村，然后即偏北湾，而北宁则转向东去，柳村距丰台为六华里。

铁路进入丰台站，系东西纬线，街市在站北，且铺面商店都沿街北开设，取其面向车站。如乘火车到这地方来，是很容易弄错方向的，有的新闻记者也曾闹过这种错误。

日军营位于站东，所以从北平来，第一个印象，即是首先见到一片红色的崭新的营房，军营的正门，面向西开遥对着车站，太阳旗飘荡在高矗云表的白杆上，守卫兵的附近，放着几个铁刺架子，这是障碍设备。

……

在几条小胡同里，可以找到浪人们住的旅社，食堂，还有专打六零六药针的小医院，则偏偏开在娼妓丛集处的旁边。

顺着这条商业街，走到西头，你可以听到锣鼓的声响了，要钻进一个路北的小巷，才真的豁然开朗起来，那地方是平民市场一类的去处，许多卖七零八碎的小摊子，吃食，用具，以及游艺，无不俱全，而这锣鼓的声音也就出在此处。

……

旋至一巷口，见有宛平县政府贴着的布告，是说日军秋操期间，望各人民安居勿怕，并禁止造谣滋事等语，因摄一影以留纪念。

北宁路全部各站牌已仿照关外的方法，均加注日文，这在本年八月间已经完全注好了，故丰台站牌，亦有日文。

记者在丰台作了两小时简单的视察后，午后二时半，即沿平汉路的丰长（丰台到长辛店）岔道西行，这一带尽是山洪的冲刷地，沙土石子占了大部地面，田园很少。

胡同里的妓院

日本妓女

行八华里,到芦沟桥。通到长辛店的路,普通车马行人都得穿过宛平县城,再横越芦沟桥过去,至于火车则绕城垣北面,另有大铁桥通过。这条永定河成了长辛店的前卫。

而桥的两端,亦均守卫甚严,日军若干次的开赴芦沟桥演习,都只以平汉铁路北边一带为限,未能越过芦沟桥。记者在桥上摄影,亦须先得守军的同意方可,他详细审问记者的来历姓名,并嘱告照相不要紧,照完了赶快回去就是。记者亦趁此机会,得同他们作了简单的交谈。

"芦沟桥的名胜很有些人来照相,不过现在的时局有点不平常,所以来游历的人,我们不得不特别注意一下。"一位守卫的排长首先对我说。

"是是,现在咱们'友邦'天天找机会要造是非,不是在二十五号又要大演习了吗!"

"啊!怎么?最近听着什么消息吗?"他听到我的话,忽然兴奋起来了,于是这样反问我。

"没有什么特别的,反正现在全国人民都监督着政府对日的外交,所以不致于向他们太让步了,不过听说这次的'秋操'大概长辛店也算在'操场'之内。"

"好!来吧,反正是不能让他们过去(指芦沟桥)。"由他这一句坚强的话语,我推想到这次日军的"秋操",果真要开展过永定河而到长辛店,则恐怕又会发生第二个"九一八"丰台事件吧?这且看事实的演变了。

……

铁道边上的日本军营

记者又要求给他们摄影,但是被婉辞拒绝,说上官有命令,不准照相。

……

记者本拟在此候火车返平,但觉得还是以沿汽车路回去为佳,因这样或可得到更多的报告材料。

……

天渐黄昏,北方的气候已觉寒意,路旁的菜田中,妇女们忙着整理她们的物产,把一棵棵的大白菜,用绳草捆起来,使宽大的菜叶把菜心包住,这样好预备储藏在窖里,以供冬日的出售与自食。(小方《宛平之行》)

这篇通讯节录自《宛平之行》,是小方1936年10月22日写自北平的,文章详细介绍了卢沟桥事变前,丰台、宛平、长辛店一带的自然状况、人文风物、社会形态,笔墨从容自然,调查细致周密,不仅是很好的通讯报道,也是珍贵的社会学调查范本,对于了解抗战全面爆发前原生态的中国一隅,提供了

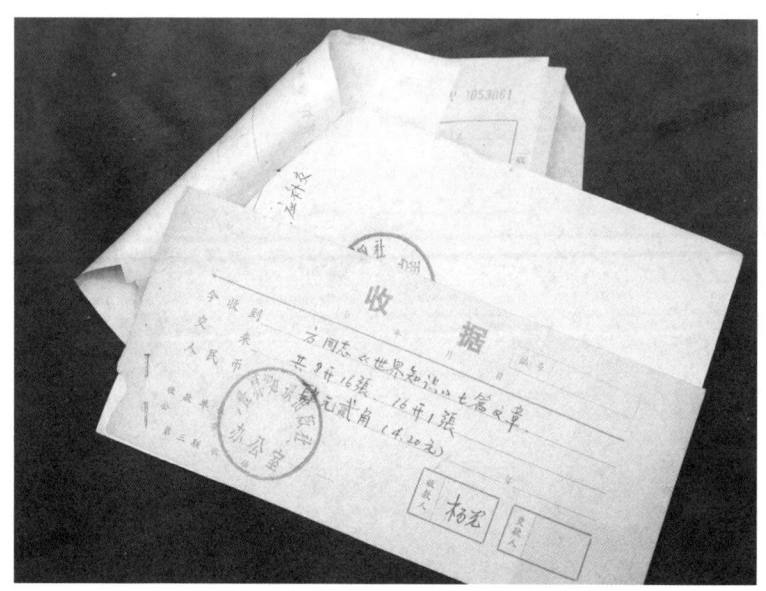

方澄敏在《世界知识》复印小方作品的交费收据

现实的参照。小方文中描述的这一带，不到一年后即闻名世界，成为民族抗日的起点和前沿。带有预见性的《宛平之行》，传递出小方对于战争前夜和事态变局罕见的洞察力。这位二十岁出头的年轻人，常以第一人称亲历的方式，对所见所闻娓娓道来，适时点评议论，准确精到，笔力不俗。在阅读时，我们常常在不知不觉中进入了他的行迹，忽而欢欣，忽而深思，忽而忧虑，随着他笔端的气息无悔追寻。

小方的外甥张在璇接受采访时说，舅舅知道哪里能写出最好的新闻和拍到最好的照片，他知道哪里是新闻记者最该去的地方。

在退休后的大部分时光里，方澄敏始终与哥哥留下的底片为伴，并且开始寻找小方离家后散落在报纸、杂志上的文字和照片，有一段时间北京图书馆等处是她每天必去的地方。尽管有些照片没有署名或只署中外新闻学社，方澄敏还是一眼就能看出是小方的作品，因为"有他的风格"。她通过找到的资料知道了哥哥去过哪儿到过哪儿，她把这个过程形容为与小方"交心"。20世纪80年代中期，方澄敏曾到小方经常供稿的《世界知识》杂志社，她找到了《芦沟桥抗战记》，薄薄的十六页纸花了四块两毛钱的复印费，这个费用在当时是很昂贵的，方澄敏觉得又"找到了"一个小方，值！

拍摄时，我们把方澄敏整理哥哥照片的镜头放在最后。她坐在轮椅上，拿起底片举过头顶，朝向有光线的窗子，黑白片的轮廓立刻被照亮，她的嘴角微微抽动，欲言又止，眼泪顺着脸颊滚落下来。她的内心再次被哥哥的气息牵动着，被定格在几十年前的景物消失了，年轻的记录者也不知所终，此刻，唯有回忆不断填充着方澄敏的思念。

房间里没有一丝声响，唯有摄像机在默默地工作着，镜头前拍摄中的指示红灯一直亮着，我们多么希望，它的微光能够穿越时空，照到时间的那一端，引领着小方回家。

十二
底片的命运和归宿

在暗房的安全灯下，小方的作品一张张地显现出来，让我觉得好像在与小方的精神做某种程度的沟通。每放一张照片，我就对小方的才气又服气一回。他的构图完美极了，对瞬间的掌握也无可挑剔！他看事情的方式直入核心，不受旁枝末节的影响。最令人诧异的是，他的表现手法就是在半个世纪后的今天看来，依旧显得十分现代。方大曾与他同时代的任何世界摄影家相比，毫不逊色。

——阮义忠《想见 看见 听见》

失去联系后的最初一段时间内，小方的家人并没有特别在意，因为早已经习惯了他时而回来、时而出去的工作方式，加上时局动荡，人心惶惶，谁也没有过多地往别处去想，日子也就这么一天一天地过着。原本，可以通过小方经常供稿的上海《大公报》《美术生活》等报刊了解他的行踪，通过文章和照片了解他的处境，自从1937年9月30日，《大公报》刊出《平汉线北段的变化》后，约有一年的时间，再也看不到他的任何报道时，一家人才有了不好的预感，辗转到已搬至武汉的全民通讯社询问，据称，社里早已与小方失去了联系多时，就连与他关系紧密的范长江、陆诒、孟秋江等人也不知道他的下落。

除了院子里留下一间暗房，据家人回忆，小方留下了一个背包，一只旅行箱，四十个胶卷和两个放底片的小木盒，还有几件换洗的衣裳，没有发现他的文章底稿。方澄敏说："他也没什么东西，就是一个穷学生，他不抽烟，不喝酒，赚的稿费都买了照相器材和胶卷。"而在拍摄中我们唯一见到的就是他的旅行皮箱，其他物品，家人说，由于年代久远，加之数次搬迁，已经不知所终。

方大曾留下的一千多张底片，几乎全部是卢沟桥抗战之前拍摄的，而离家之后大量的战地照片，随着他的失踪，也无从查询，有些散见当时的报刊杂志，也有些毁于战火。

可惜小方当时所拍的一些重要照片，有些来不及制版付印，就在战区炮火中毁之一炬。上海《良友》画报曾告读者说："自130期出版至今，当中相隔三月有半，当131期印刷中，适值八·一三事变，本志印厂在敌军作战

捡垃圾

灌溉

出窑

午休

底片的命运和归宿

颐和园的冬天

龙烟桥远游

码头

路边食摊

纺纱厂

天津劝业场

根据地的杨树浦,已印就的篇幅与许多稿件来不及迁出,都牺牲在战区里。""这其中有不少珍贵的材料","如方大曾先生所摄的华北抗战与我国北方的重工业等等,皆未经他处发表,未能与读者相见,至深惋惜。"

1947年,方澄敏从重庆回到北京协和胡同的老宅,这时距小方失踪已经过去了十年,院子里又盖了几间房子,显得拥挤了许多,小方的暗房还在,灰颜色陈旧斑驳,里面摆放了些杂物,装底片的两个盒子只剩下了一个,而且里面的东西也少了。

北平沦陷以后,那个时候日伪特务特别多,这个时候到处在抓人,我外公外婆胆子也比较小,他们就很怕这些照片惹事,给家里添麻烦,就偷偷把它烧掉,白天怕有烟,晚上怕有火光,这是我姨写信告诉我说的,她说怎么办?这个照片就偷偷笼火的时候、做饭的时候烧,把这些就烧了。另外一箱子是我外婆把它藏到书箱里才保存下来的,现在剩的这些就是我外婆藏起来的,因为这是她儿子的东西,她对儿子的东西是非常看重的。

这个箱子一直到了解放以后,前头很平安,一直到"文化大革命",这也是我的亲历,1966年"文化大革命"开始的时候,我们可能都经历过……那是叫触及灵魂的大革命,开始是"破四旧",还有才子佳人的东西都要打烂,包括王府井大街上的牌子,该拆的拆,该封的封,整得声势浩大,有些胡同、旧民宅……所以那时候的运动确实是触及灵魂。红卫兵也不知道说不定什么时候到你家来就给你"破四旧"了。那个时候,姨妈就很担心这个照片怎么办,在家里,那是说不清楚的,拍的都是国民党军队抗战,傅作义部队,国民党帽徽,舅舅抗战戴的钢盔也都是国民党的,另外冀东一瞥的片子有很多伪满的国旗挂在那,找出来根本说

劫后余生的小方作品

不清楚,所以很担心照片怎么办。后来就过来就跟我母亲商量这个事,就瞒着外婆说这个照片怎么处理。后来姨妈说干脆交给单位的红卫兵,让他们保管可能还有一线生机,总不会烧了、毁了。我母亲也没有什么主意,就说你自己看着处理,但是你自己要小心一点。姨妈就抱着舅舅这箱子东西送到了单位。(访问张在璇,2012年7月12日)

家里人把这些底片视作方大曾生命的延续,几十年来,无论社会环境如何动荡不安,命运如何起伏波动,始终把它珍藏在隐秘的地方和每一个人内心的柔软部分,他们固执地相信,只要底片在,小方就活着。

"文化大革命"时,这也是"四旧"。挺乱。我一想,这些底片挺宝贵的,不能丢;怎么办呢?我想了个办法,我把它拿到我们单位——银行的"红卫兵办公室",我索性交给他们。我告诉红卫兵这是什么什么,我上交,搁在"红卫兵办公室"了,所以没丢。(陈申访问方澄敏《半个世纪的搜索》)

姨妈人缘很好,在银行单位都很好,她(把底片)交给红卫兵,说这是我哥哥的东西,本来我作为纪念的,但我不知道是不是"四旧",

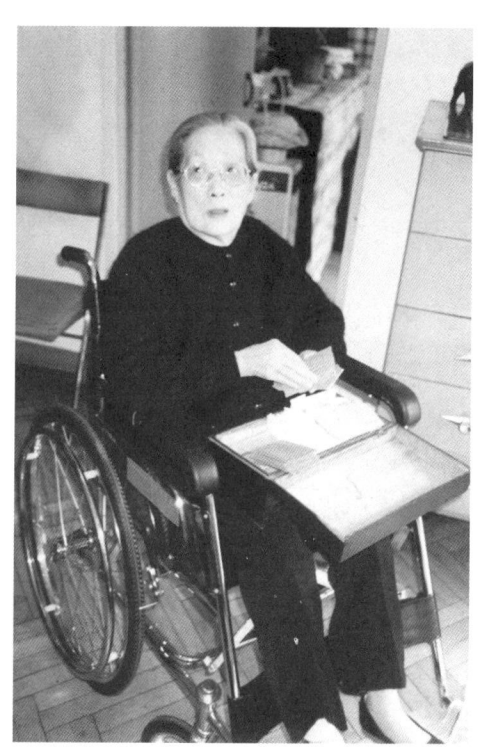

方澄敏和哥哥劫后余生的底片盒（冯雪松摄）

你们要认为是"四旧"你们看怎么处理，反正我们原来是留作纪念的，现在交给你们。那个单位的红卫兵，因为都是本单位的人，关系也还可以，就说就放在那儿吧，这样就保存下来了。姨妈回来了，一直心里头惦记这些照片，也不敢去问。几年就过去了，一直到了"文化大革命"后期，十年以后了，姨妈那时候都退休了，有一次到银行工会去玩，就看着工会墙角堆了一堆烂报纸，烂报纸里包了一些东西，是一些底片，舅舅的底片装得很仔细，装了一个内袋，外加一个粉红色的纸袋，上面有德记商行的字号，王府井大街北口路西，是历史文物了，一看就是哥哥的东西。

（访问张在璇，2012年7月12日）

等"文革"后期发还抄的东西时，经手人不在了。后来有一天我去单位的工会玩，我看见有一大堆废报纸包着的底片散在地上，我就把底片包起来拿回家了。又过了些日子，我又去工会，看见卖饭票的同志拿着装底片的盒子卖饭票。我就跟他们商量，把这个盒子要了回来。退休

后我便开始整理这些底片,以此来纪念我的哥哥。(陈申访问方澄敏《半个世纪的搜索》)

这个照片幸好是拿到他们单位去了,她拿走了不到一个月时间,我姨夫单位的红卫兵到家里来抄家,我(当时)在后院,那是翻天地覆,院子里挖,家里头的地板都撬了。那时候旧社会说他会不会藏着有枪,不知道什么就找,那天是折腾了大半天。幸好舅舅的底片没在家,如果在可能全军覆没,所以我姨妈算是为保存照片立了一个功,如果她不送走肯定完蛋了。(访问张在璇,2012年7月12日)

我们采访方澄敏时,老人因为中风已无法用言语讲述哥哥的故事了。记忆告诉她,那个高大的、走路匆忙的、爱旅行的人,在她内心世界里依然英俊和年轻。翻看照片的时候,她发现那个形象并没有因为时光的流走而淡漠。她在银行退休以后的二十多年里,主要工作是整理方大曾的照片和文章,"而历经磨难来到了生命尾声的方澄敏,真正的幸福就是能够看到哥哥的作品获得出版的机会。只有这样,方澄敏才会感受到半个多世纪前消失的方大曾归来了"。她期待这些作品能够重新问世,如果说愿望的话,就是让人们看到曾经存在过的年代,让更多的人知道方大曾,了解方大曾。

我退休后还到北京图书馆一些地方查找过小方的资料,在"报库"查到不少,有的发表在《大公报》上,有的署名是"中外社"。查到1937年9月30日号那篇文章(指小方写的通讯《平汉线北段的变化》一文),10月份就没有了。找出来的东西我这儿没有底片,都是我哥哥离家以后照的。那些东西我一看就知道是他照的,因为它也有他的片子风格呀！尤其是署名"中外社"的，我就更确定是小方照的了。我把底片按当时小方编的号和顺序理好的，后来我索性按内容大致分了一下类，所以一说起哪张照片我大概都有点印象。我是想能出版点什么来纪念我哥哥，但文和图怎么组织起来我也不会。（陈申访问方澄敏《半个世纪的搜索》）

"姨妈为了保存这些照片，付出了很多心血。"张在璇回忆，"舅舅留下的这些照片，主要是绥远抗战，还有在冀东采访的，以及在塘沽拍的船工，很多是民众的，还有煤矿的一些照片。另外就是，九一八事变以后大家开展救亡运动，尤其是一二·九运动，搞学运，抗日救亡，北平学运的照片，学运的活动，他基本上都拍下来了。"

据吴群回忆，小方交给天津中外新闻学社发稿的照片和底片，周勉之离津时，将它"全部装在一个衣箱内随身带走。经过采取一些必要的措施，未被侵略军及汉奸察觉，安全到达武汉。这部分照片和底片，连同后来全民通讯社在武汉、重庆时期所拍摄的时事照片底片，皆由吴寄寒在建国后备文送交中央档案馆保存"。纪录片拍摄时，我们曾与相关单位进行了联系，但最终没有得到回复。

出版哥哥的画册，是方澄敏晚年唯一的愿望，她不认识出版界的人，也无法用文字将这些照片串联起来，她曾找过小方北平一中的同学，时任北京市人民政府副秘书长的李续刚，由于种种原因，出版未果。后来她想到了和哥哥共同的朋友诗人方殷，我从方殷的回忆文章中知晓，他加入全民通讯社居然是方澄敏的功劳。

中国摄影出版社原副社长陈申
（冯雪松摄）

方澄敏，在我同她哥哥小方一同搞《少年先锋》的时候，她就常常在一旁"帮忙"，因此，跟我很熟。几年后，一九三八年八月，我在汉口又与她相遇，她正和"全民通讯社"的几位同志在一起。一见面，她就把我介绍给"全民通讯社"的同志们，并且强拉我参加该社的工作。"全面通讯社"当时正在筹办中，由于时势紧张，正拟往重庆转移后再正式建社。我被说服了，答应参加该社工作。（方殷《破涕而笑》，1979年3月18日）

为老朋友做事自然是义不容辞的，解放后曾在人民文学出版社工作过的方殷，和方澄敏一起浏览了小方留下来的底片，并挑走了八十张，准备编辑后择机出版，可是没多久，方殷因病辞世，事后，方澄敏只好把底片从他的爱人处取回。

直到1989年11月，小方留下的底片命运再一次发生了转机，经上海李惠元先生引荐，中国摄影出版社年轻的编辑陈申和著名摄影评论家陈昌谦一同拜会了方澄敏女士。陈申对第一次到小方家有这样的描述："真没想到，小方的家离我的工作单位仅一箭之地，若采用测绘方法测量，直线距离在五百米之内。小院坐落在协和胡同的转弯处，房屋的建筑格局很不规范，远不及北京四合院的严谨和讲究，但是却显得古朴、幽静，似乎像房产的主人一样保持着传统和与世无争的平民特色,可以断定,过去是个殷实的家庭。方澄敏很怀念她的哥哥,除了一直搜集着与小方有关的资料,还与小方从前的老朋友们尽量保持着联系,寻找中断了联系的知情人。对于小方的生死,她仍保存着一线希望,盼望着能打听出小方的下落,或梦想着有一天小方能回到这座小院,但对我,她却十分平静地说,'一定是牺牲了',仿佛在叙述一段已有结局的完整故事。也许正因为这一方面,她决心要为哥哥出一本像样的摄影作品集,或许,已把所有希望寄托于我所在的出版社身上,所以才把全部的底片交付给我。"

在第一次见面几天后,我收到了方澄敏女士送来的一个小木匣和一封信,"今送上小方摄影底片一盒,共837张",这个小盒子一直在我这里存放了很久,使我得以在空闲时间仔细地逐一核对。后来,我就把这些照片逐渐地介绍给大陆、台湾和美国的一些报刊杂志,希望藉此让更多的人了解这个热血青年和他的作品。(访问陈申,2012年7月12日)

1993年,陈申把方大曾介绍给台湾摄影家阮义忠,当时阮先生正在主编一本名叫《摄影家》的杂志。他在新近出版的一本《想见 看见 听见》的书中,讲述了"见到"小方的经过。

四年前,我的北京朋友,也是《中国摄影史》的作者之一的陈申跟我提到,他发现了一位在中日战争时期失踪,很可能已经丧命的、不为人知的战地记者"小方",正在整理他的作品,一有结果就会让我知道。一年多前我去大陆为《摄影家》杂志第十期的大陆专辑做采访工作时,我又跟陈申碰头了。那天晚上陈申和太太小侯邀请我们去他们家吃饭。

饭桌上，我请陈申为我们注意些大陆老摄影家，这才使我又想起了小方。

原来陈申也差不多把这件事给忘了。他说："小方啊，他的作品在我这里搁了快两年了，没有出版社想要出版，最近我自己事情又多，也没有时间再去动它。你要有兴趣，吃过饭我拿出来给你瞧瞧！"

小方的八百多张底片，一张张地被装在小红纸套里，分成四排，塞满了一个约摸长三十厘米、宽二十厘米、高十厘米的木盒子。陈申把这批底片做过快速打样，这些品质不佳的样片被凌乱地塞在一个大纸袋里。东西实在太多，我只有请他让我把样片带回旅馆，找时间慢慢看。

当天晚上，这些样片铺满我旅馆房间的床，在昏黄的床头灯下，我一张张地检视这位无名摄影家的遗物，尽管这些样片的浓度、反差都处理得很糟糕，但我立刻就知道，我面对的是位天才。

第二天我迫不及待地要求陈申把底片借给我回到旅馆仔细看，以便判断这些影像的潜在力量有多大。第三天，我费尽口舌，要陈申允许我把底片带回台湾，好亲自为这位了不起的摄影家放大照片。陈申说他做不了主，建议道："我们何不去拜访这些底片的主人——小方的妹妹方澄敏？她就住在北京！"

第四天，陈申约我们在国际饭店见面，因为方澄敏的家就在饭店后面的协和胡同里。

方澄敏和丈夫查士铭先生，在协和胡同10号热情地接待了阮义忠，"八十岁的方澄敏看来身体不错，精神也好，对我们的造访显得十分高兴，因为这意味着小方的作品又有一个重新曝光的可能性了。方澄敏很乐意让《摄影家》

陈申和阮义忠（右）
拜访方澄敏夫妇

杂志发表小方的作品，却不放心底片漂洋过海到台湾去。但我深知，只有我把底片带回台湾，亲自放大，才能把他的作品做最好的呈现。经我热切的请求和保证，方澄敏终于勉强答应，让我挑选一部分底片带回去，并在最短时间内专程请人把底片送回北京"。

方澄敏只允许阮义忠带五十张底片回台湾，所以在大量的底片选择上颇费周折，经过反复斟酌和审视，三天后，阮先生终于按约定数选好了底片，加上从陈申那里已经放大出来的 5cm×7cm 小照片中挑出八张，一共是五十八张。

飞回台湾的航程中，怀揣方大曾底片的阮义忠和太太，在香港即将落地转机时，突遇到台风来袭，霎时间，他们和所有乘客迅速地被抛向了生命的边缘。

一想到那一天，那种紧张恐怖、死里逃生的感觉就鲜明地回来了。

第一次觉得如此接近死亡。我的右手和太太的左手紧紧地握在一起，不用看脸色也知道，两人都已经吓得半死了！我们和东方航空公司飞机上的一百多位乘客一样，在一片惊吓的惨叫声中意识到，自己可能就这样没有了。飞机是从上海开来的，在香港启德机场的跑道上，轮子已经快要触地了，可是感觉上好像坐在摇篮里、或是断了线的大风筝上。机外正刮着强烈的台风，我们那位十分可能是战斗机驾驶员转行的机长，在飞机被强风迎面刮上来之后，还不死心地想做第二次的降落。飞机一往下冲就被风掀上来。这个时候，惨叫声已经变成了无助的哀号，所有的人都把命交出去了，只能任着机长和死神拔河……紧接着，即将摔倒海里的飞机几乎是垂直地拔起，机身剧烈晃动，舱内的座椅和行李柜被震得嘎嘎作响，飞机好像随时会被扯裂、散掉……飞机不晃了，平稳了，没事了，命捡回来了！飞机掉头返航并最终平安降落广州，胸腔里的那颗心也才落实在心窝里。

久久之后才有办法平息下来的我跟太太，彼此相询，快要完蛋的那一刻在想什么。太太说，她的脑子里翻来覆去就是一件事——才十二岁的儿子怎么办？我老实告诉她，我一心只记挂着左胸口袋里的五十张底片，觉得我对不起它们的作者小方。这位可能是当时中国最优秀的摄影家，将随着我的死去而使他的作品永不为世人所知。他已经够倒霉地失踪，且被遗忘了五十多年，这下子，岂不如同他又死一次！（阮义忠《想见 听见 看见》）

回到台湾，阮义忠在家里的暗房里工作了一个星期，每放一张照片，他就对小方的才气又佩服一回。"他的构图完美极了，对瞬间的掌握也无可挑剔！

台湾《摄影家》杂志第 17 期《方大曾特辑》

他看事情的方式直入核心，不受旁枝末节的影响。最令人诧异的是，他的表现手法就是在半个世纪后的今天看来，依旧显得十分现代。方大曾与他同时代的任何世界摄影家相比，毫不逊色。"

在暗房的安全灯下，方大曾的作品一张张地显现出来，让阮义忠觉得好像在与小方的精神做着某种程度的沟通。这五十八张作品，成为《摄影家》杂志第 17 期的全部内容。

由于《摄影家》杂志高超的专业水准，在文化圈内影响广泛，唐师曾、余华等人都是通过它知道并了解方大曾的。余华说："台北出版的《摄影家》杂志，第 17 期以全部的篇幅介绍了一个叫方大曾的陌生的名字。里面选登的五十八幅作品和不多的介绍文字吸引了我，使我迅速地熟悉了这个名字。我想，一方面是因为这个名字里隐藏着一位摄影家令人吃惊的才华，另一方面这个名字也隐藏了一个英俊健康的年轻人短暂和神秘的一生。"

《焦点》双周刊、《人民摄影报》，以《一个失踪50年的天才摄影家》和《一个沉寂了60年的摄影家》为题，对于方大曾进行了专题报道，同时给予了极高的评价，"方大曾的摄影令我们吃惊，在中国摄影史上还没有哪一位摄影家能像他这样在短短的两三年间为我们留下表现方法如此现代、水平如此整齐、数量如此之多的高水准的图片。""方大曾是一位天才的摄影家，如果不是他这么早就失踪于抗日战争的战场，中国摄影史应该有他整整的一章，即使是他留下的这些作品的整体水平和作品所体现的发展趋势而言，方大曾也可以毫不逊色地与当年的世界摄影大师布列松、何奈·布里、尤兰史·密斯齐名。但我们今天是怎样也无法弄清一个50多年前的东方人何以能够如此敏锐地把握了影像的特质，充分地运用照相机记录了他所面对的生活？从这个意义上，方大曾又为我们留下了一个谜，一个文化之谜。""发现方大曾，也发现了一个近代中国文化之谜。他的作品公诸于世的时候，这种遗憾多少得到了一定程度的弥补。"

随着方大曾被人们渐渐熟知，也有人对底片的开发利用做过打算，并不富裕的方澄敏，本可以借此改善一下自己的生活，而她最终选择了拒绝，理由是不想出卖哥哥的作品和自己的灵魂。其中有一张，小方曾在战地通讯中提到过，"现在死于东山坡上的匪尸，大半已被野狗吃食，只留着几幅［副］可怕的头连着那架光杆的骨骼。有些完整的尸体，穷困的老百姓们，还正在

战后惨象

剥他们身上的军衣，等衣服剥光了之后，就立刻跑来几支[只]狗，它们又发现了新的美餐。战争是这样的残酷，然而疯狂的侵略者，则拼命的在制造战争。"

这张照片是一张很让人震撼的照片，看了以后就感觉到战争的残酷和咱们民族的苦难，有人看到之后写过一篇观后感，说站在这张照片面前就想哭，因为看到那个时候咱们国家太贫穷，老百姓太苦，太落后了，战争给中国人民带来非常残酷、非常悲惨的一个结果。这张照片，我听我的姨妈说美国耶鲁大学一个教授曾经要高价买，她跟我说过，这是大舅的东西，我绝不会卖。另外，我觉得，因为那个时候改革开放初期，中美两国人民不是很了解，都不太了解，姨曾经提出一个问题，她问我，为什么他们这些美国人要选这么一张照片，大舅有那么多照片，为什么

中国国家博物馆举行
方大曾摄影遗作捐赠
仪式

张在璇先生代表家人
捐赠小方遗作

《追溯——方大曾摄影作品展》（2002年7月成都）

张在璇（左一）向观众介绍舅舅的作品

要选这张,反映咱们民众最苦难的一张照片,她就一直是个疑问。我觉得可能他们这一代,经过民族苦难的这一代人,可能更看重的是咱们民族的尊严,她不知道这个照片人家拿去做什么。(访问张在璇,2012年7月12日)

1995年,已是八十二岁高龄的方澄敏经过慎重考虑,将方大曾遗留的底片资料全部转交外甥、《四川日报》高级记者张在璇保管,并提出两点希望,一是为方大曾办个影展,二是为其出本画册。后来,影展在多方协助下,于2002年7月1日至9日,卢沟桥事变六十五周年之际在成都举办,小方的一百零六幅作品与公众见面,但方澄敏为方大曾出版摄影集的愿望至今还未能实现。

2005年,经陈申介绍,中国国家博物馆负责文物征集工作的张明女士联系张在璇,经多次努力接洽,并与其家人协商后,决定由张在璇代表全家将这批珍贵的影像资料捐给国家博物馆。国家博物馆派专人对这八百三十七幅底片进行整理后发现其图像清晰,画面质量很高。国家博物馆副馆长高崇理接受媒体采访时说:"它们填补了国博这方面藏品的空白,具有很高的史料价值和艺术价值。"

就在国家博物馆打电话联系捐赠事宜不久,保管了这些底片数十年的方澄敏老人去世了,享年九十一岁。

2006年3月16日,方大曾遗留的八百三十七幅珍贵原版底片,由其家人无偿捐赠给中国国家博物馆。纪录片《寻找方大曾》在捐赠仪式上再度播放,方家三代人精心保管近七十年、历经战火等多重磨难的珍贵影像史料,终于找到令所有牵肠挂肚者都满意的归宿,成为全社会共有的文化财富。

十三 没有完成的句号

  我们拍摄此片的目的不仅仅是寻找一个人,亦是通过寻找去还原一个真实的、热爱和平与自由的生命,他通过自己的目光,抚摸着数十年前国难当头的中国大地,他镜头下描述的景象,是我们了解当时社会生活的生动图本,他以个体的高贵品质,为我们确立了一个物质以外的精神境界。

——冯雪松
《纪录片＜寻找方大曾＞导演阐述》

今天，如果仅仅从摄影的角度去评价方大曾肯定是不够的，十多年来，从所掌握的资料来看，他的生命历程始终是由相机和笔相伴随的，或者说是相互补充，相互依存的，他用相机让我们直面现实，用文章为我们勾勒思想传递信息，照片是文字的印证，文字是照片的延伸，二者在小方的报道中相得益彰，他是一个很好的摄影师，也是一个不错的写手，所以我们眼前才有了他立体的、饱满的生命形象。

拍摄方大曾实属偶然，细一想也是必然，没有价值观的认同，即使遇到了这个题材，也会形同陌路。布列松说："摆拍出来的照片是没有生命力的，很容易被人遗忘。如果我们拍摄的东西是经过改装的，那就不真实，最重要的事情是表现那些具体生动的东西。我们拍摄照片，是为了使生活更加丰富，因此不应该用公式和教条来拍照。我们应该尊重现实，现实生活往往比我们头脑中的想象更加丰富。"正因如此，我才与小方"一见钟情"，他虽然没有来得及像布列松一样把自己的摄影理念总结出来，但作为一名现实主义的摄影家，他正是以真实为原则，践行着自己的新闻理想，他留下的每一幅照片都是如此，不矫揉，不做作，直指人心。小方留下的黑白世界，如同老酒，时间越久，味道越醇。

舅舅留下的近千张底片向世人展现了一个摄影家惊人的才华。在20世纪30年代，中华民族正处于内忧外患生死存亡的危急关头，这时的许多摄影者仍热衷于拍摄风花雪月和服装美女，研究纯技巧性的摄影术。而他无师自通，几乎是凭借着直觉感受并运用摄影记录的力量，成为了一个卓越的纪实摄影家，继而成为我国一位杰出的战地记者。(张在璇《"卢沟桥事变"战地报道第一人》，原载于《天府早报》2002年6月30日)

同心合力

扛棉花

逃荒者

矿工们

凿冰

2000年8月10日,我为小方又一次出发,开始为再拍《寻找方大曾》做前期采访,计划用一周到十天,重走小方为人所知最后的旅程,并于当天下午乘长途车前往保定。此时,我父亲已是食道癌晚期,经过了手术、化疗,不到一年的时间,数度住院,人一天一天憔悴,旅途中他还打电话给我,让我注意安全休息好,而我却不能陪在他身边,因为第二版《寻找方大曾》预计11月8日新中国首届记者节播出,由于拍摄周期的紧迫,也就无法照顾周全了。7月9日,首版《寻找方大曾》播出时,父亲是在医院里看的,看完后,他没说话,冲我笑笑。原以为一部片子结束了,该停下来处理些家里的事,替一下照顾了父亲大半年的母亲,帮着父亲寻医问药,谁知刚刚画完的句号,又被打开成了逗号,题材难得,机会难得,加上对于小方的崇敬和对于方澄敏的同情,再寻方大曾,似乎是父母替我做出的选择,所以,我也是带着他们的愿望上路的。

8月10日至18日,雪松曾沿着63年前方大曾最后的足迹,从北京出发,沿京广线经长辛店到保定、蠡县、石家庄,然后过娘子关到太原,出雁门关到大同,行程一千多公里。这一次探路式的艰苦寻访,虽未找到与方大曾有直接关联的内容,但却在沿途播下了寻找方大曾的种子,得到了社会各界众多热心人士的呼应,他们纷纷加入到寻找方大曾的行列中来,开始了一场跨世纪的集体寻找和跨世纪的真情对话。这已不是只对方大曾个人的寻找,而是对中华民族抗战前期那段历史的审视和回想,人们品尝着时间的色彩,翻开了历史的一幕一幕。(孙进柱《踏着方大曾的足迹》,原载于《保定晚报》2000年10月9日)

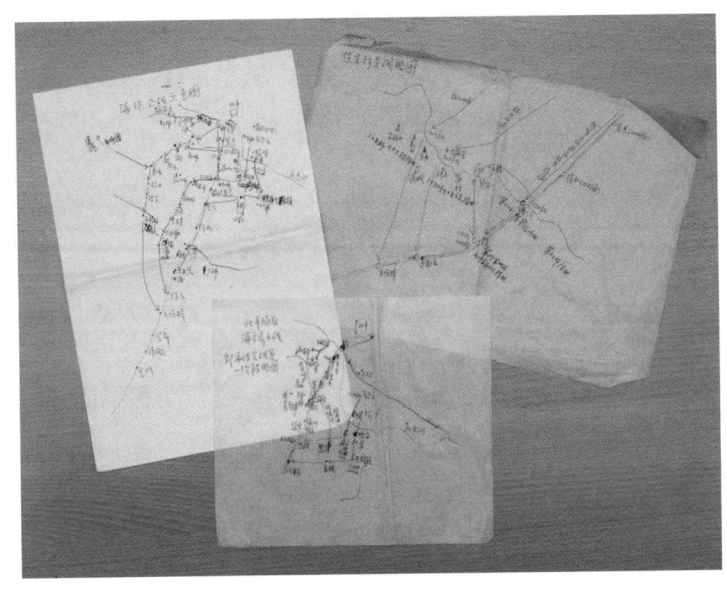

尤文远先生为冯雪松手绘的保定战事图示

保定地方志办公室的孙进柱先生，与我一见如故，对于小方及其在保定一带的活动非常热心。在他的引荐下，我又结识了史志专家尤文远和日军攻占保定的见证者王逸民。根据小方在保定及周边采写通讯的相关描述和环境背景，尤文远先生亲手绘制了《涿保会战示意图》和《保定防守战略图》，还介绍了1937年9月保定沦陷前后的情况。当年十三岁的王逸民，讲述了目睹日军轰炸和疯狂屠杀的悲惨景象。当时，方大曾从大同经石家庄等地，辗转来到保定，为了采访永定河上游的中日激战，他必须要越过这个危险日益加剧的地方，向战火的源头迈进，在他的身上没有恐惧，只有了解事实的勇气和接近真相的兴奋。

1937年9月11日，日机炸毁了一列军车，引起弹药爆炸，一些士兵伤亡，王逸民老人记得，在附近的一个小孩被炸得尸身横飞，肠子都挂到了树上。9月16日轰炸得更加猛烈，巨大的爆炸声接连不断，火车站上的铁轨、站台、站房都被炸坏，车站防空洞的两个入口都被炸塌，在防空洞里躲避轰炸的四五十人全部因窒息而死。入夜后，日机再次轰炸城区，河北省政府及一些民房均遭轰炸。据尤文远先生讲，至今在直隶总督署博物馆（即当时的

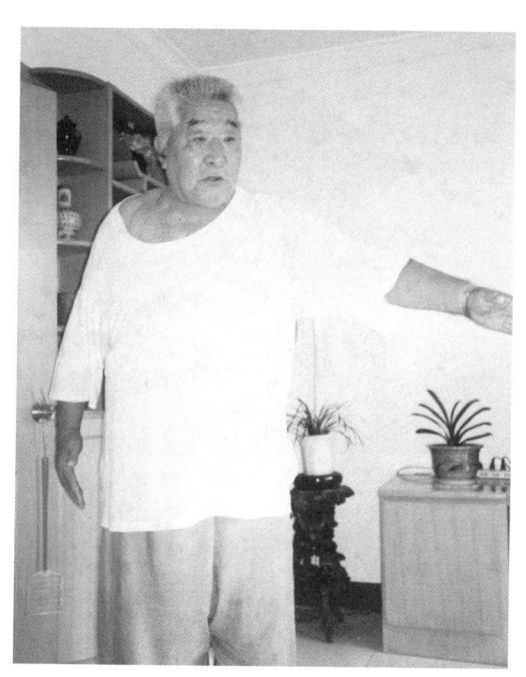

保定沦陷亲历者王逸民（冯雪松摄）

河北省政府所在地）西侧仍埋有日机轰炸时未爆的炸弹。9月18日，日机又对保定城大肆轰炸，很多民房被炸毁，居民死伤很多，城内无法住下去，人们纷纷逃往城外。此时的保定城不但居民逃散一空，连政府公务人员和军警也逃了出去。国民军第五十二军军长关麟征的指挥所原在保定西郊。9月22日，他将指挥所移至城内，又因城内居民均已逃出城，城内通信设施也已遭到破坏，遂决定将指挥所移到保定城东南五公里的连庄，保定城垣主要由五十二军第二师（师长郑洞国）守卫，郑洞国的指挥所就设在慈禧行宫（今保定市第二中学院内）。也是在9月22日，日军突破保定北部我守军的漕河防线。23日晨，日军集中三个师团的兵力从东、北、西三面，在空军的配合下，向保定城发起进攻，我守军奋起抵抗，保定城头硝烟四起，枪炮声、喊杀声震耳欲聋。守军击退了日军的一次次进攻。到24日晨，日军增派一个野战重炮旅团参加攻击保定城，用重炮轰击城墙，将城西北角炸塌，形成一巨大缺口，日军步兵在战车掩护下，由缺口攻入城内，我守军与之展开巷战。由于敌众我寡，加之周围中国军队都已南撤，郑洞国师失去侧翼支援，无奈于临近中午时在第四十七师的接应下，由城南退出保定城。据王逸民先生回忆，大部队撤走后，

战时邮局

仍有少数守军不肯撤出战斗,这些热血青年不能眼睁睁地看着自己的土地沦入敌手,他们与日寇战斗到生命的最后一刻。午后,整个保定城被日军第六师团占领。9月25日,日军华北方面军第一军司令官香月清司乘火车到达保定,将其司令部设在河北省政府院内。

在战火最为激烈的时刻,方大曾从蠡县寄出了为世人所知的最后一篇报道《平汉线北段的变化》,此后再无消息。根据他当时北上的采访路线和计划,人们最多的猜测就是他遇难于保定附近。

日军侵占保定城后,疯狂地进行报复性屠杀,于当日将搜捕到的五百多人,其中有不少老弱妇孺,集中在北大门外用机枪扫射,尸骨山积,血流成河。日军在24日、25日两天在全城屠杀约有两千多人。古城保定笼罩在腥风血雨、愁云惨雾中。王逸民老人讲,他的大舅母双目失明,没有逃出城,被日本兵用刺刀挑死在家中。难民回城后,在城墙边、城门附近还见有中国军人的尸体,

石家庄的寻访志愿者（冯雪松摄）

大同的寻访志愿者（冯雪松摄）

有的倚着城墙站着，有的靠城墙坐着，老百姓则横尸街头，或被打死在家里。日军逐个检查难民的手，有一个白运章包子铺的包饺子工，因长期包饺子，手上磨起了硬茧，被日军认为是勾枪机磨的，马上就被挑死。日军又在难民中抓伕，清理战场，掩埋尸体。在北关外有一座三义庙，附近有一呈"W"形阔而深的战壕，尸体都被扔在战壕中，扔一层尸体盖一层土，就这样一层层填满了战壕，最后抓来的民伕也全被日军杀害。而与此同时，日本国内得到保定被攻占的消息，"举国若狂地庆祝他们的胜利"，日本侵略者还在东京举行提灯游行会。1937年10月17日《大公报》刊登的无畏撰写的《保定抗战经过》中有保定保卫战"抗战之激烈，牺牲之悲壮，在平汉线为最甚"。

在蠡县，我在县委宣传部刘轶峰和地方志负责人鲁春芳的陪同下，寻访老邮局的旧址，也就是小方当年寄发邮件的地方，环境变了，周边是崭新的楼房，旧迹已经无处可考，只能看个大概的位置。在石家庄，党史办公室的

蠡县的寻访志愿者（冯雪松摄）

太原的寻访志愿者（冯雪松摄）

党福民和《石家庄日报》社的左荣发帮助查找了大量抗战史料，离开时，党先生送我到火车站。我按照小方《从娘子关到雁门关》里的路线，经井陉、娘子关、阳泉到太原。在太原，与地方志办公室的杨淮一同拜访了山西抗敌决死队成员马明，并查看了未经改造的太原老街、察后街、海子边。在大同，地方志办公室的韩保农带我前往小南头村观音庙，在残垣断壁间找寻线索。

  1946年我在重庆听柳湜说：1937年他在太原的"九一八"纪念会上碰到过小方，当时小方意气昂扬，信心十足，并表明会后就要动身再去前方。50年过去了，还没有听说又有谁碰见过他。（方澄敏回忆文章，原载于《摄影文史》1987年11月）

  根据方澄敏老人的回忆，我们和专家一起进行了分析，1937年9月18日，太原市民在海子边公园举行抗日救亡大会，如果小方出现在这里，那么，最后一篇文章就不可能在同一天从蠡县寄出，两地相距数百里，在当时，加之战事紧张和交通不便，一日往返两地几乎是不可能完成的任务，因此认为回忆的时间不确。

  采访中，小方的故事让每个知道他的人激动和惋惜，如同火种迅即耀亮，人们热切地关注着他的命运，揣测着失踪的种种可能，不断地希望又不断地失望，倘若没有明确的终结，大家宁愿相信小方还活着。感动的心情一路伴随着我，虽然辛苦大于收获，却觉得能拍这样一部纪录片，是一种幸福。

  回到北京，我访问了山西省委原书记陶鲁笳，主要讲述石家庄抗日风潮。访问了《光明日报》原总编辑穆欣，回忆全民通讯社和青年记者协会的成立过程。访问水利部原顾问屈健，讲述牺盟会在小南头村接待范长江一行的经过。

穆欣先生帮助查阅资料
（冯雪松摄）

访问新闻界前辈苗培时，回忆战地记者的工作与生活。

2000年9月5日，《寻找方大曾》再次拍摄的第二天，父亲由于病情进一步恶化，不得不告别北京，从丰台返回老家呼伦贝尔。临行，父亲塞给我五千块钱，告诉我工作别太辛苦，他知道，我目前遇到的工作难度是前所未有的。望着载着父亲渐远的列车，一阵阵心痛，空旷的站台，让我开始感到无依无靠，徘徊在小方当年途经时拍照的地方，真想哭。

六天后，我带着摄制组正在拍摄中法大学旧址，接到了家里报父亲病危的电话。安排好工作后，我乘第二天最早的航班回家，希望能和父亲再见上一面。

父亲靠在病床上睡着，一只手表用胶带粘在他视线能及的墙上，母亲说刚睡，之前一直在看表，计算我到达的时间。他已经几天没有躺下了，医生说癌细胞已经完全扩散，脏器几近衰竭，应该是很痛，他没叫过，也没说过。约有一刻钟，父亲醒了，看见我，吃力地撑着身子，说的第

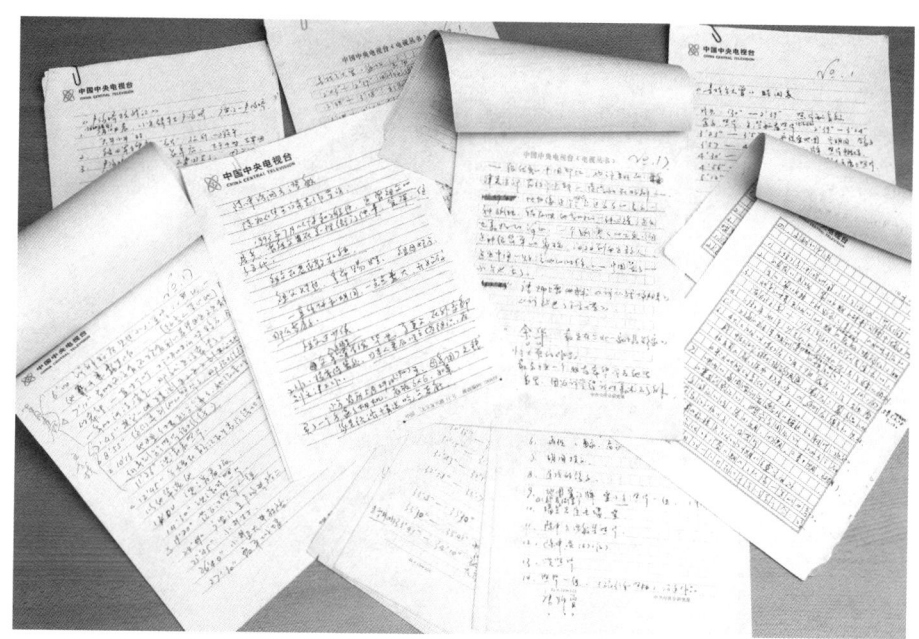

拍摄《寻找方大曾》时冯雪松的工作笔记（孙楠摄）

一句话是，耽误你工作了，大家都在等你吧？随后露出了一丝歉意的笑。

（冯雪松《父亲的夏天》）

第二天下午五点，父亲病逝，享年五十七岁，这一天是2000年的9月13日。

返京后，我用父亲离京时给的五千元钱买了一个35mm的莱卡相机，算作他留给我的一个纪念吧，我要带着它上路，把它当作父亲的"眼睛"，多拍社会的变化和生活，好让他随时随地"看到"我们和这个世界，看到小方最后的归宿，这一次，我的行囊中多了一张父亲的照片。

9月23日夜，一场秋风秋雨不期而至，一片摧枝打叶声。第二天早晨，雨仍在淅淅沥沥地下着，昨日还略显燥热的天气，顿时凉了许多，秋意渐浓。

中央电视台纪录片导演冯雪松冒着风雨又踏上了寻找方大曾的路，这次他不再是一个人，而是一个精干的三人摄制小组。除雪松外，还有摄影师马东戈，工程师杨京晶，他们都是二三十岁的年轻人，就是这个"青春组合"担当起了纪录片《寻找方大曾》的摄录和制作。

尤文远介绍保定战役的情形（孙进柱摄）

第二天，我们即驱车赶往蠡县，车过了清苑城，开始有田野青纱帐闪现，63年前，方大曾往来于保定和蠡县之间，也是这个季节，可以想见他坐在颠簸的汽车上，与难民或士兵挤在一起，年轻的脸上布满征尘，他时刻观察着人们的神色，关注着战局的变化，把这一切记录在120底片中或采访本中。马东戈时不时地摇下车窗玻璃，将摄像机镜头对准车窗外的青纱帐，摄下秋天田野的景色。在唐河大桥桥头，车停了下来，要在这里拍摄一组镜头。历史上的唐河常年河水滔滔，是华北平原上一条较大河流。现在唐河还很宽阔，只是几乎常年无水，河滩上种满了庄稼，一块块高低不平，青黄间色，已经快到收割的时候。上游不远处是唐河旧公路桥，当年方大曾很可能就是走的那条路，不过那时还没有桥，他是由摆渡过河的。马东戈认真地摄录着周围的一切，杨京晶也肩扛摄像机走上桥头。雪松说，这次拍片采取的是双机拍摄，马东戈将镜头对准方大曾曾经走过的路和被采访者，而杨京晶则是用镜头记录下寻访者的脚步，方大曾的步伐和寻访者的步伐交叠在一起，历史与现实融合在一起。力图用现代化的手段，形象化的语言来阐释人们生存的手段，形象化的语言来阐释人们生存的意义。63年看似漫长，其实在历史长河中只不过是极为短暂的一瞬，透过摄像机镜头。似乎可以看到年轻的小方匆匆赶往抗战前线的身影。今天和当年小方年岁差不多的三位年轻人用他们的

完成最后一个镜头,冯雪松和摄影师马东戈(左)、杨京晶(中)在协和胡同留影(刘俊摄)

脚步再现着那段历史,用他们的心血和汗水追寻着一颗高尚的灵魂。

车将到蠡县县城时,在公路收费站前停下车,拍摄田野和劳动的群众,路旁有一块花生地,花生秧已经拔掉,几位农妇用小镐捡拾着落下的花生,神情专注。当年方大曾走过这条路的时候是不会见到这种安心收获的场面。摄制组的举动引起了收费站工作人员的注意,有几个人走向前来观看,有一人念着车前盖上的字:"纪录片《寻找方大曾》,中央电视台社教中心,中国摄影出版社"。有人问方大曾是什么人,听到回答,他们离开了,或许认为这种寻找太难了,几乎是不可能的。(孙进柱《踏着方大曾的足迹》,原载于《保定晚报》2000年10月9日)

2000年11月8日,新中国首个记者节,纪录片《寻找方大曾》的第二版在中央电视台如期播出。就是在六十三年前的这一天,中国青年新闻记者协会在上海山西路南京饭店成立,据沈谱女士回忆,范长江曾不无感慨地说,如果小方在,他一定会来的。

两年后,著名记者唐师曾开着雪佛兰开拓者,踏上寻找方大曾的旅程,

冯雪松和陈申（左一）、唐师曾（左二）相聚《读书时间》，右一为主持人李潘（王淳华摄）

他在发表在《北京晚报》的文章中写道："我开车沿着方大曾当年走过的路线一路前行，宛平、卢沟桥、长辛店、保定、清苑、易县、倒马关、雁门关、平型关、大同、太原……可始终没有方大曾的下落。在我之前，中央电视台的导演冯雪松也曾走过类似的路线并拍摄了纪录片《寻找方大曾》，可我们的努力都是徒劳的，一直到现在都毫无结果。"

同年，纪录片《寻找方大曾》荣获第十五届全国电视文艺星光奖，同名图书由中国摄影出版社出版。随后，我和陈申、唐师曾做客李潘主持的中央电视台《读书时间》栏目，畅谈寻找方大曾。

2002年6月至2007年3月，受中央电视台的委派我到澳门记者站先后任记者、首席记者。这期间的五年，在行囊里抑或是境外居所的书架上，始终都摆放着有关方大曾的书籍和资料。在澳门和香港的图书馆里我依然在"寻找"着，一次相遇，一生相随，如果没有下落，小方就是我永远的课题。

若干年后，范长江之子范苏苏和陆诒之子陆良年，相约来到卢沟桥畔，在他们父辈冒着生命危险采访过的地方合影留念。范苏苏说，那一天是父亲的忌日，他在"文革"中被迫害致死，享年六十一岁。天下着小雨。"七十多年前的中国，民族危亡日益严重时，我父亲和陆诒、小方等一大批年轻的新闻工作者义无反顾地奔赴抗日战争最前线，哪里最危险，哪里就有他们的身影,他们只有一个信念,用自己的笔和相机把真相告诉人民"。

从完成第一版纪录片《寻找方大曾》到再度拍摄,然后出书、办展览到作品捐赠,几乎是每打算画上一个句号的时候,这一个圆圈又被悄悄地打开,然后变成了问号,或许这就是小方失踪未解之谜的魅力,还有他高尚行为的感召吧,让人们总是不断猜测,又总是心有不甘,生命不止,寻找不息。

2012年7月10日下午,方大曾百年诞辰纪念日前夕,句号再次打开,央视网举办了征文、访谈和纪录片点播等纪念活动,通过网络向公众介绍这位失踪战地记者的故事,以及他所不为人知的经历,集中展示那些用生命作代价换来的黑白照片。陈申、张在璇和我作为嘉宾相聚《一个时代的倒影》访谈节目,我们围绕方大曾,从不同的角度讲出了自己的感受和理解,张在璇先生的出现也是方大曾的亲人首次在访谈节目中亮相。现代化的通信技术改变着生活,也拓展着人们获取信息的渠道,虽然硝烟散尽,战争已经远离,小方也将进入百岁老人的行列,但是无悔的青春力量,跨越了年代和时空,在网友的心目中他以时尚、真诚、勇敢、奉献得到广泛认同,他的价值取向在符合当代的同时,也将成为永恒,并且一直传承下去。

看小方的摄影作品,就仿佛随他奔波在危险的前线,又仿佛和他一同穿行在社会底层。看到那些照片,你会感受到,有些东西,只能用摄影来表达出来。战争的残酷和人民的疾苦如实的呈现,莫名地会带了很多复杂的情绪。那些有着年代感的照片,让人们看清楚战争到底带来了什么。用一种献身精神,为我们提供了弥足珍贵的新闻。或许,是一种时代的责任感,让他在每一次回到家之后不久就又背起相机再次冲入最危险的地方。(网友 安熙)

央视网举办的《寻找方大曾》百年诞辰纪念专题

陈申(左二)、张在璇(左三)、冯雪松(右一)相聚《一个时代的倒影》访谈节目

方大曾留给这个时代的也许就是一种选择的精神，他的选择告诉我们，有一种付出不问回报，有一种职业不问生死，有一种英雄不问出处。他用汗水和热情拍摄下的作品成为我们窥探那个时代的镜子，镜中凝固了我们惊诧、激动的表情，划下了最淳朴毫无杂质的泪水。也许是那个时代造就了方大曾，他可以将满腔的爱国情怀挥洒在浴血奋战、生死未卜的前线，可以用自己的相机和笔杆丈量生命的高度。今天，时代同时赋予了属于我们这一代的使命，也许现在战争离我们很远，但它确确实实还在发生着，在伊拉克、在中东、在世界的另一些角落。所以，我很感激自己不用受战争之苦，承受随时丧生的恐惧，感激自己能够安稳地和家人生活在一起，感激自己能够接受良好的教育，感激自己能够在可控的范围实现自己的理想，感激自己能够瞻仰伟人的同时思考着自己对于国家、社会和人民的职责。方大曾失踪了，我们无法找回他的遗体或是尸骨，我们几乎也无法知道他的亡魂究竟留在了哪里。他留下的底片和文字也许是对他亡魂最好的祭奠，透过这些我们读懂了战争的残暴、誓死抗战的决心、追求和平的心。（网友 吴俊楠）

方大曾是谁？他是个记者，却不是普通的记者，他的采访对象是战争；他又是个行者，也不是个普通的行者，有硝烟的地方就是他前进的方向；可是，他还是个不归者，别人归来他未归，留给妹妹无尽的怀念，留给我们无穷的遗憾。战地记者、行者很多，为什么单单纪念他呢？是因为今年是他的一百周年诞辰？不，这仅仅是个契机；是因为他最先报道卢沟桥事变真相的记者？不，那个功绩也只是他众多工作中的一个；最主要的原因是：作为一个摄影爱好者，他不爱虚浮爱民生，不爱美人爱江山，并最终走上了战地记者这个行业。也许早就预感到自己不久于人世，或者与其说是预感，不如说他就是做好了随时牺牲的准备。左宗棠收复新疆准备了一个现实的棺材，小方在心里也为自己准备了一个棺材。毕竟如记者罗伯特·卡帕所说"战地记者手中的赌注就是自己的性命"，于是他积极、热情地奔走着、奔走着。于他，生命不是用年、月来度量的，而是用分、秒来计算的。祖国战事的胜利是他快乐的源泉，鼓舞人心的报道是他对战事的贡献。（网友 毅贤）

小方的文字和镜头，充满对于生活、对于真实的"人"的热爱。他喜欢拍普通的士兵、农民、妇女孩子，他的模特们不像当时许多照片里那样神情木讷惶恐，纯属摄影师们指挥的道具，而是信任自然地和摄影师互动着。小方满怀热情去看生活、去看世界、去孜孜不倦寻找最美最真的画面，因此也拍下了战争怎样让人不如狗、人不如兽。只要人世真善美的情怀还在，理想主义的热血还在，小方就一直在！（网友 苏相宜）

虽然，历史将小方的青春永远定格在了二十五岁，可纪录片却将历史无限制地延长！纪录片《寻找方大曾》，在人们的心中，早已由对生命迹象的寻觅，升华为寻找一种神圣、一种伟大、一种精神，那就是正义、勇敢、忘我和敬业！（网友 猫得儿）

小方，用自己年轻的二十五岁向我们展示了一个真正的新闻人的精神：追求真实，不畏艰险，默默无闻。作为同行，我感觉现在的我们已经很幸福了，没有战争没有流血，所以我们更要保持好的新闻作风，发扬新闻精神，贴近实际贴近生活贴近群众，扎扎实实完成好工作。不图

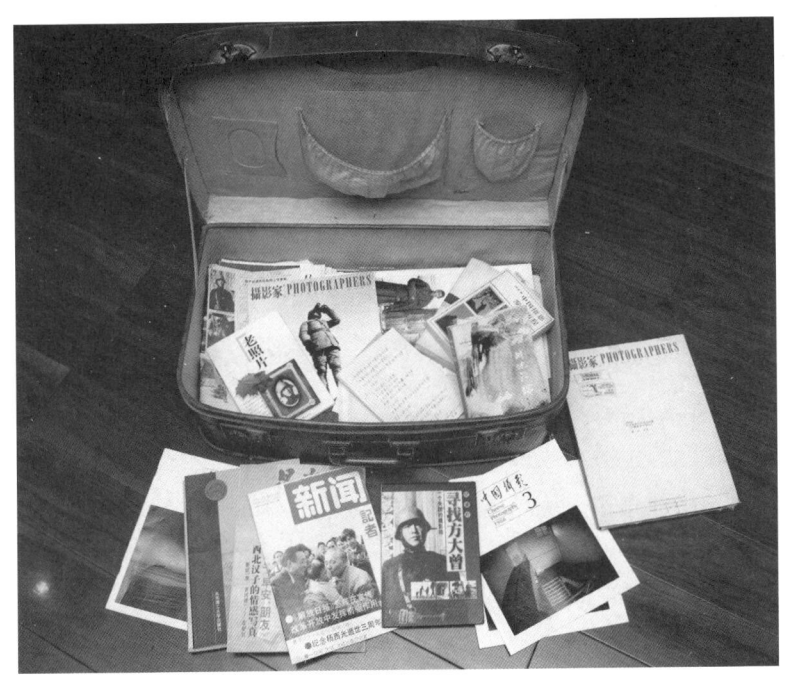

方澄敏女士用一生收集的资料，或许会成为下一次寻找的开始（孙楠摄）

名利，只为我们自己心中对新闻事业的一种热衷和喜爱，延续这些新闻前辈们为我们铺垫好的新闻道路。

小方，这个平凡的战地记者，却爆发出了一种令人敬畏的精神。好在我们还有照片，我们还有文字，好在我们都还能继续将这种精神发扬下去。（网友 小云蘑菇）

方大曾具备成为永远话题的所有要素，他的精神超越时代历久弥新，他的神秘失踪和传奇经历，鼓励后辈不断探索，不断发现。随着社会的不断进步，人们的不断富足，小方一定会成为追求崇高含义和青春意义的珍贵范本。我们相信，无论如何经年跨月，被抛却的永远是不合时宜的物质生活，而那些符合人类共同理想的精神财富，却一代一代不曾间歇地传承着。当时光带走了战场的硝烟，世界又重回短暂的和平，历史再度证明，把私人利益作为追求目标的人，精神不远，把公众利益作为追求目标的人，精神不朽。我们今天重新审视方大曾，不完全是为了膜拜和礼赞，更为重要的是通过他来反省我们自己的行为和反观我们自己的灵魂,以镜鉴之用,发现缺失的自己,审视自身的存在价值和道德品质,这才是我们跋山涉水、求索历史、无怨无悔寻找方大曾的真正意义。

时间越久,找寻方大曾就越来越难成为可能,这或许是一个无法完成的句号,只要有新的发现,新的动机,新的角度,它就会被随时打开,开启成为一个新的段落,真心希望有更多的后来人,踏着小方的足迹,踏着我们这一代人的足迹,不断地打开句号,不断地解开问号。

牺牲,是几十年来人们对小方这位年轻人最多的诠释,而没有看到他的遗物和尸骨,又成了众多寻找者渴望他生还的一丝希望。纪录片拍摄过程中,人们对方大曾的失踪有过种种猜测,但是,人们始终不愿意相信他逝去了。最有诗意的想法是,"小方在炮火中失去了记忆,他忘记了过去的一切,现在仍然幸福地生活在世界某处",这一结果,似乎符合了所有方大曾追随者们的良好愿望。

2014 年 5 月 18 日 初稿 北京
2014 年 6 月上旬 二稿 捷克、波兰、意大利旅次
2017 年 3 月 1 日 修订 北京

后记　由寻找到追随

《方大曾：消失与重现》将由新世界出版社修订出版，这是一件值得高兴的事。两年来，这本书所取得的成绩是我始料未及的，不仅获得了国家级最高文学奖项，还获得了"新闻传播学国家学会奖"特别奖，并且在中国纪录片学院奖颁奖典礼上赢得了来自业界的敬意。

中国新闻学界泰斗方汉奇先生给予这本书至高评价，曾多次对我悉心指导，并身体力行为方大曾纪念室题匾助威，对晚辈的提携鼓励令人难忘。先生学硕品端，令人高山仰止，吾辈榜样，在此致敬！

刚开始写作这本书的时候，是马来西亚航空公司 MH370 航班失联的第十八天，而到统稿完成时，已经接近第一百天。伴随着焦虑和不安，我们面对的是无声无息的消失，用博尔赫斯的话说，"是水溶进了水里"。对于亲属而言，这是一种难以忍受的牵挂，又是一种悲欣交集的等待。那么，对于方大曾的失踪，几代人苦等八十年，盼望归来就更是残酷的奢望，甚至是没有尽头的遥想。

十八年来，方大曾几乎是我一个放不下的心事，从陌生到熟悉，由寻找到追随，有意无意地与人提起甚至成了一种习惯。其实，像余华、唐师曾、午马、阮义忠等前辈又何尝不是对他推崇备至呢？如果说，这本书能够给你某些启示，那一定是他们的文章或访问，真知灼见、视角独到增加的色彩。

应该感谢陈申先生，从纪录片《寻找方大曾》选题之初的策划，到过程中遭遇困难时的鼓励和帮助，以及这本书的缘起，如果说小方在今天能被更多的人知晓，他就是功不可没的关键人。

最初的寻找完全是出于对人物的兴趣和探求未知的欲望，过程中，随着了解的深入，不知不觉变成了对于一种高尚精神的认同和追随，不止是我，还有寻找过程中的许多人。尽管方大曾的辉煌只有短短的两年，但他流星一般的耀亮和迅失，使人们惊叹他才华的同时更留下唏嘘与叹息。

如果没有方澄敏的坚持，没有李惠元、陈昌谦的牵引，没有吴群的考证，没有范长江、陆诒等人的回忆，不但纪录片做不成，就连这本书也无从谈起，我甚至觉得是小方在冥冥中给了暗示和安排。

两年来，这本书被《解放书单》等多个榜单推荐，走进了清华大学、北京大学、复旦大学的校园，被《人民日报》《光明日报》等报刊评介推广，引发了学术界和新闻界的探讨和思考。为此，《中国新闻出版广电报》撰文称，从纪录片到图书，从纪念室到公益计划，跨越影视界、出版界、文学界、学术界的"方大曾热"，聚合成为兼具传播力与影响力的现象级话题。

张海鸥总编辑的敏锐和决断，是促成这本修订版面世的关键，使我有机会重又静下心来，补充新知和修订谬误，对书中每一张照片说明进行再写，文本改订千余处，期以更扎实的面貌回馈读者。

最初，这本书断断续续写了三个多月，行政事务的繁杂搅扰，使我中途几次搁笔，思路中断，拾起时，又不得不从头通读，尽量保持连续。由于年代久远，资料匮乏，除了以往的积累，寻找新线索，补充新材料一直伴随着写作的全程，考证和删改也是从头到尾。不过，还是感谢这种压力和艰难，催生了到目前为止专门介绍方大曾的第一本书。今日修订，检视一路步履，行行复行行，曲折迂回，小方虽身影远去，而精神犹在，还是值得欣慰的。

作为方大曾的亲属，张在璇先生、张在娥女士和家人是这本书的积极支持者，不仅无偿地提供作品，还提供了小方和方澄敏女士的遗物用于写作参考，正是由于小方的关系，我们彼此也成了很好的朋友。

殷陆君、石村、陆波、赵俊贵、姜永刚、于涛诸位兄长不仅给了我许多好的建议，还积极加入到寻找方大曾的行列中，尽其所能，为小方精神声光远播贡献巨大。

值得高兴的是，修订版的责任编辑乔天碧、年轻的同事王烨、孙楠在书稿编辑、查阅部分资料和图片整理过程中，也渐渐成了小方新的寻找者和追随者。

我知道，对于方大曾仍然有许多未知，因此，这本书的资料使用也是有限的，写作中尽量按照冷静、客观为原则，尊重史料，不妄加臆断。由于小方的作品和部分当事人的访谈、文章寻来不易，所以使用时尽量保持原汁原味，而不是简单的转述和改写，这样，读者会在接近方大曾的新闻现场时，更好地通过想象还原他的处境和所见。当然，由于仓促，这本书还有不少值得推敲和琢磨的地方，对于方大曾也只是提供了一个基本的轮廓，但是我相信，随着时代的发展和研究的深入，会有更多小方的未解之谜得以破译，使这本书能够不断地丰满更新，也衷心希望，更多的人熟知方大曾从这里开始。

2017 年 3 月 5 日 北京

方大曾生平及研究年表

- 1912 年　7 月 13 日，生于北京。
- 1929 年　8 月，发起组织青少年摄影社团，创立"少年影社"，参加过公开展览。
- 1930 年　考入中法大学经济系。
- 1932 年　因参加进步学生游行被捕，遂由校方降级一年。
- 1935 年　大学毕业。

　　　　　在天津基督教青年会任职员。

　　　　　与吴寄寒、周勉之等人成立中外新闻学社。

　　　　　一二·九运动后，参加中华民族解放先锋队（简称"民先"）。
- 1936 年　夏天，到北平基督教青年会工作，任少年部干事，邀高尚仁（北平基督教青年会少年部负责人）看斯诺访问陕北延安革命根据地拍摄的照片。

　　　　　6、7 月间，方大曾经山西前往绥远旅行采访，后完成了《从大同到绥远》等文。

　　　　　11 月初，方大曾与许智方在天津青年会举办联合摄影展。

　　　　　11 月 8 日，在北平写成《宛平之行》采访记。

　　　　　11 月 23—28 日，到河北唐山、昌黎等地采访冀东伪政府辖区，写成《冀东一瞥》。

　　　　　12 月初，离开北平到绥远前线进行了长达 43 天的抗战初期著名的"绥远抗战"采访，拍摄了数百张照片，写成《绥东前线视察记》等战地通讯，期间，与著名记者范长江相遇。
- 1937 年　7 月 10 日，离家前往卢沟桥采访卢沟桥事变。

　　　　　7 月 23 日，由北平寄出《卢沟桥抗战记》。《良友》第 130 期同时刊载方大曾有关卢沟桥事变的 4 组摄影报道。

7月28日，与范长江再次相遇，并结识陆诒、宋致泉。

8月，经范长江介绍，开始担任上海《大公报》战地特派员。

8月中旬，由平汉线转至山西，在同浦铁路沿线进行采访。

9月18日，从河北蠡县寄出《平汉线北段的变化》一文，为方大曾最后的消息。

9月30日，《平汉线北段的变化》在《大公报》发表。

—1994年　12月，台湾《摄影家》杂志第17期推出方大曾专集。

—2000年　11月8日，中央电视台播出纪录片《寻找方大曾》（导演、撰稿冯雪松），同名书籍由中国摄影出版社出版。

—2002年　7月1日至9日，"追溯——方大曾摄影作品展"在成都举行，106幅照片与公众见面。

—2006年　3月16日，方大曾的亲属将其837张底片捐赠给中国国家博物馆。

—2012年　7月13日，央视网举办方大曾诞辰一百周年纪念活动。

—2014年　10月，《方大曾：消失与重现》一书由上海锦绣文章出版社出版。

—2015年　5月25日，中国新闻工作者协会组织召开冯雪松追踪采写方大曾事迹座谈会。

6月29日，香港大公报"一份报纸的抗战"论坛，冯雪松应邀发表主旨演讲《伟哉大公报　壮哉方大曾》，方大曾的外甥张在璇先生一同出席。

7月7日，方大曾纪念室在保定光园落成，方汉奇先生题匾。

8月28日，"为了正义与良知——七七卢沟桥事变战地记者方大曾遗作展"在澳门综艺馆举行，《方大曾：消失与重现》繁体字版同时首发，澳门特别行政区行政长官崔世安、中联办主要官员及方大曾亲属出席剪彩仪式。

  9月23日,"方大曾校园行"公益计划在清华大学启动。

  12月5日,北京大学举办"方大曾及抗战报人学术研讨会"。

—2017年 5月,"寻找方大曾"特别讲座应邀走进美国纽约州立大学。

  6月,《解读方大曾——方大曾作品及范长江新闻奖获得者的阅读笔记》由中国社会科学出版社出版。"方大曾校园行"公益计划在范长江新闻学院圆满收官。

  7月,《方大曾:消失与重现》由新世界出版社修订出版。

  8月,"小方眼中的抗日战争"图片展在中国人民抗日战争纪念馆展出。

  12月,《方大曾:遗落与重拾》由新世界出版社出版。

  12月24日,方大曾纪念室改陈布展开幕。

—2018年 3月,"寻找方大曾"特别讲座在澳门大学、澳门科技大学举办。

  4月,《方大曾:遗落与重拾》新书发布座谈会在中国外文局举办。

  7月7日,方大曾研究中心在保定成立,方汉奇先生题匾。

—2019年 7月5日,"寻找方大曾二十年学术研讨会"在保定召开。